ULLSTEIN

## Das Buch

Viele sehen in Altkanzler Helmut Schmidt noch heute das Ideal eines deutschen Regierungschefs. Im Gespräch mit Fernsehmoderator Ulrich Wickert blickt er zurück auf seinen persönlichen und politischen Werdegang, vor allem auf die Jahre seiner Kanzlerschaft, die nicht zuletzt geprägt waren von großen innenpolitischen Herausforderungen. Er schildert unter anderem seinen maßgeblichen Einfluß auf die europäische Währungs- und die westliche Sicherheitspolitik, bewertet aber auch die jüngeren wirtschaftlichen und politischen Entwicklungen. Seine weiteren Beiträge handeln von moralischen Maximen politischen Handelns, den Aufgaben, denen sich die Menschheit im 21. Jahrhundert stellen muß, dem Stellenwert der Kirche in der modernen Gesellschaft, dem Einfluß des Fernsehens auf die zwischenmenschliche Kommunikation und der Problematik der Parteispendenaffären. Zusätzlich verdeutlicht Schmidt mit seinem Entwurf einer „Allgemeinen Erklärung der Menschenpflichten" die Notwendigkeit des Gleichgewichts von Rechten und Verantwortlichkeiten.

## Die Autoren

Helmut Schmidt, geboren 1918 in Hamburg, saß für die Sozialdemokraten im Bundestag (1953–1961, 1965–1987), zeitweise als SPD-Fraktionsvorsitzender. Er war Hamburger Innensenator (1961–1965), Bundesverteidigungsminister (1969–1972), Bundeswirtschaftsminister (1972) und schließlich Bundeskanzler (1974–1982). Er ist Herausgeber der Wochenzeitung *Die Zeit* und hat zahlreiche Bücher veröffentlicht.

Ulrich Wickert, geboren 1942 in Tokio, hat in Bonn Rechtswissenschaften und an der Wesleyan University (USA) Politische Wissenschaften studiert. Nach dem Ersten Juristischen Staatsexamen wurde er Journalist – zuerst als Redakteur beim WDR-Fernsehmagazin *Monitor*, dann als Korrespondent der ARD in Paris und New York. Seit 1991 ist er 1. Moderator der *ARD-Tagesthemen*. Er hat mehrere Bücher veröffentlicht.

In unserem Hause ist von Helmut Schmidt bereits erschienen:

*Erkundungen*
*Die Selbstbehauptung Europas*

HELMUT SCHMIDT
im Gespräch mit
ULRICH WICKERT

# Eigentlich wollte ich Städtebauer werden

Mit sechs Beiträgen
von Helmut Schmidt
und einem Vorwort
von Eberhard Jäckel

Ullstein

Besuchen Sie uns im Internet:
www.ullstein-taschenbuch.de

*Umwelthinweis:*
Dieses Buch wurde auf chlor- und säurefreiem Papier gedruckt.

Ullstein Verlag
Ullstein ist ein Verlag des Verlagshauses
Ullstein Heyne List GmbH & Co. KG.
1. Auflage Februar 2003

Lizenz für das Gespräch von Helmut Schmidt mit Ulrich Wickert
durch ZDF Enterprises GmbH
Umschlaggestaltung: Petra Soeltzer, Düsseldorf
Titelabbildung: dpa (Foto Helmut Schmidt), kpa (Foto Ulrich Wickert)
Satz: Steffen Hahn GmbH – Medienservice, Kornwestheim
Druck und Bindearbeiten: Ebner & Spiegel, Ulm
Printed in Germany
ISBN 3-548-36396-2

# Inhalt

Eberhard Jäckel

# Ein Krisenmanager mit moralischen Maßstäben

*Helmut Schmidt stand vor ungewöhnlichen Herausforderungen*

Noch bevor Helmut Schmidt in dem nachfolgenden Gespräch die erste Frage Ulrich Wickerts beantwortet, sagt er, er sei an seinem Platz in der Geschichte nicht sonderlich interessiert. Das mag so sein. Bescheidenheit und Selbstbewußtsein gehen oft Hand in Hand. Vielleicht steckt dahinter auch die Einsicht, daß Politiker ihren Platz in der Geschichte ohnehin nicht selbst bestimmen können, am wenigsten nachträglich. Das tun andere, erst die Zeitgenossen, dann die Nachlebenden und am Ende die Historiker. Sie aber sind an der Frage durchaus interessiert, welcher Platz Helmut Schmidt zugewiesen werden wird, welche Besonderheiten schon jetzt erkennbar sind, wie er sich von anderen unterscheidet. Wenn sie leidlich geschult sind, werden sie dabei weniger die persönlichen Eigenschaften berücksichtigen als die Umstände, die er vorfand, und was er daraus machte. Denn Politik ist, wie das Leben überhaupt, wesentlich Reaktion auf Gegebenheiten, und die Plätze in der Geschichte ergeben sich aus Vergleichen.

Dabei sind zunächst die Antriebe zu unterscheiden. Viele Politiker verwenden einen großen oder sogar den größten Teil ihrer Anstrengungen darauf, Macht zu erwerben und sie, wenn sie sie einmal haben, möglichst lange zu behalten. Das heißt in parlamentarischen Demokratien, daß sie vor allem darauf achten, die nächsten Wahlen zu gewinnen. Andere warten auf Gelegenheiten, um dann zuzugreifen – wie etwa Bismarck, der die Kunst des Staatsmanns so verstand. Wieder andere haben Visionen, Zielvorstellungen, wie die Welt sein könnte, wenn man sie zu gestalten hätte. Nicht wenige Politiker vertreten Interessen, im günstigen Falle nicht so sehr ihre eigenen als vielmehr diejenigen ihrer Klientel, ihrer Schicht oder Klasse oder ihrer Wählerschaft.

Auf Helmut Schmidt treffen alle diese Kategorien kaum oder gar nicht zu. Er wollte in jener bestimmten Lage, in der sich die Möglichkeit erstmals konkret bot, nicht einmal Bundeskanzler werden, und jedenfalls bedrängte er Willy Brandt, als dieser zurücktreten wollte, im Amt zu bleiben. Als er das Amt hatte, hat er mindestens zweimal erwogen, es wieder abzugeben. Visionen sind ihm immer verdächtig gewesen, und Interessen zu vertreten, war ihm nicht genug. Er bestand darauf, Politiker müßten das tun, was sie für richtig erkannt hätten, und geriet deswegen in Konflikte mit seiner eigenen Partei und der Mehrheit der Bevölkerung. Demokratie hieß für ihn nicht, die Wünsche der meisten zu erfüllen. Mit den Massen zu irren, sagt er im folgenden Gespräch, würde er niemals akzeptieren. Einmal nannte er das sogar „Feigheit vor dem eigenen Volk".

Das berührt eine Grundfrage der Demokratie. Ist sie nicht die Herrschaft des Volkes, und heißt das nicht, daß die Regierenden an die Aufträge des Volkes gebunden sind? Gewiß sollen sie dem Amtseid nach Artikel 56 des Grundgesetzes entsprechend ihrer Kraft „dem Wohle des deutschen Volkes widmen, seinen Nutzen mehren, Schaden von ihm wenden". Aber darin steckt gleichwohl ein Problem. Es lautet, daß der Politiker unter Umständen besser weiß und wissen soll als alle anderen, was dem Wohle des Volkes dient. Er ist gewissermaßen zur Besserwisserei verpflichtet, wobei überdies natürlich ganz offen ist, ob seine Erkenntnisse auch die richtigen sind. Helmut Schmidt ist dem entsprechenden Vorwurf nicht entgangen; er ist ihm wohl nicht einmal ausgewichen. Mit diesem Politikverständnis ist schon viel über ihn ausgesagt.

Politik ist immer auch die Reaktion auf Herausforderungen. Für wenige Politiker gilt dies in so hohem Maße wie für Helmut Schmidt. In Krisen bewies er seine höchste Meisterschaft, und sein höchstes Prestige erwarb er, indem er Krisen meisterte. Kaum war er Innensenator von Hamburg geworden, brach über die Stadt eine der schlimmsten Flutkatastrophen ihrer Geschichte herein. Kaum war er Bundeskanzler geworden, brach über das Land die schlimmste Wirtschaftskrise seit Bestehen der Bundesrepublik herein. Mit dem Terrorismus folgte eine der schlimmsten Belastungsproben des Staates. Im Grunde war schon seine Wahl zum Bundeskanzler aus einer schlimmen Krise, nämlich der Enttarnung eines DDR-Spions im Kanzleramt, hervorgegangen, und am Ende stand die Herausforderung durch die sowjetischen Mittelstreckenraketen und der Kampf um den NATO-Doppelbeschluß.

Für lange angestrebte eigene Ziele, wie im Falle von Willy Brandts Ostpolitik, blieb da keine Zeit, und vielleicht ist es noch charakteristischer, daß auch keine Neigung dafür bestand. Helmut Schmidts Element waren die von außen eingebrochenen Krisen. Die Meisterung der Flut begründete sein Ansehen, die Meisterung von Mogadischu trieb es auf den höchsten Stand, wobei von letzterem Fall gesagt werden muß, daß er auch anders hätte ausgehen können und Helmut Schmidt dann zurückgetreten wäre. Die Herausforderungen begründeten seinen Ruf als Krisenmanager, als „Macher".

Wenn nun aber noch einmal nach seinem Platz in der Geschichte gefragt werden soll, so sind doch noch zwei andere Aspekte einzubeziehen. Krisen kommen und gehen, und so gut es ist, wenn einer dabei am Ruder steht, der nicht die Nerven verliert, so sind es doch zwar gefährliche, aber vor der Geschichte ziemlich kurzfristige Angelegenheiten. Mindestens zweimal jedoch sind aus der Abwendung von Krisen durch Helmut Schmidt langfristige Wirkungen herbeigeführt worden. Aus der Bewältigung der Wirtschaftskrise ging zielstrebig das Europäische Währungssystem (EWS) und daraus schließlich die einheitliche europäische Währung, der Euro, hervor. Und von der Bewältigung der Mittelstreckenraketenkrise ging jene Nachrüstung aus, von der heute deutlicher als damals zu erkennen ist, daß sie zum Zusammenbruch der Sowjetunion entscheidend beitrug und damit schließlich zum Sieg der Freiheit in den Ländern des sowjetischen Blocks und auch zur deutschen Wiedervereinigung.

Krisen zu meistern ist schwierig genug. In der Wirtschaftskrise drohte die Neigung zu nationalen Alleingängen. In der Raketenkrise gab es die Neigung sehr vieler zur Beschwichtigung. Kurzfristig hätte man diese Krisen auch lösen können, indem man den naheliegenden Neigungen nachgab. Die Lösungsstrategien aber so anzulegen, daß sie zugleich auf Jahrzehnte dauerhafte Wirkungen zeitigen, das darf staatsmännische Kunst genannt werden, die einen Platz in der Geschichte wohl verdienen mag.

Der zweite Aspekt, der in diesem Zusammenhang hinzugefügt werden muß, ist der moralische. Wenige Politiker haben sich zu der Frage nach den moralischen

Maßstäben der Politik öffentlich so oft geäußert wie Helmut Schmidt. Vermutlich verstanden sie sich für ihn schon deswegen nicht von selbst, weil er unter einem Regime aufgewachsen war, in dem sie nichts gegolten hatten und vollständig außer Kraft gesetzt worden waren. Gern zitiert er einen Satz aus der Präambel der Hamburgischen Landesverfassung: „Jedermann hat die sittliche Pflicht, für das Wohl des Ganzen zu wirken." Wichtiger als diese kurze Formel ist natürlich noch, von welchen Maximen diese Pflicht geleitet werden soll.

In einer grundsätzlichen Rede, die Helmut Schmidt am 12. März 1981 bei Gelegenheit eines Kongresses über Immanuel Kant hielt, rückte er das Prinzip der sittlichen Pflicht in eine enge Verbindung mit dem Prinzip der Vernunft: „In Übereinstimmung zu handeln mit dem, was den Menschen gemeinsam ist, was daher über alle sonstigen Unterschiede hinweg Verständigung ermöglicht, nämlich in Übereinstimmung mit der menschlichen Vernunft zu handeln." Der verantwortliche Politiker muß natürlich die Moralität nicht nur der Ziele, sondern auch der Mittel im Auge haben. Er muß die Folgen seines Handelns für die anderen, auch für die zukünftigen Generationen berücksichtigen. Das haben andere auch gesagt.

Charakteristisch für Helmut Schmidt ist jedoch, daß er hier abermals darauf abhob, die Entscheidungen der Mehrheit könnten auch Fehlurteile sein. „So ist das eben in der Demokratie, in der die Mehrheit recht bekommt, auch wenn sie nicht recht hat." Das war natürlich kein Einwand gegen die Demokratie. Es sei lediglich „einer der Fehler der Demokratie, die nicht behebbar sind". Der Politiker handelt „im Bewußtsein nicht nur seiner Fehlbarkeit, sondern der Fehlbarkeit demokratischer Entscheidungen schlechthin". Er muß daher „den ungeheuren Aufwand auf sich nehmen, anderen seine Gründe transparent zu machen und sie zu überzeugen, weil er Mehrheiten braucht".

Am Anfang steht die sittliche Pflicht der Vernunft, vorauszudenken und alle Folgen kritisch im Auge zu behalten, und erst danach folgt die Aufgabe, für diese Erkenntnisse Mehrheiten zu finden. Es ist wohl wahr, daß die meisten verantwortlichen demokratischen Politiker im Grunde nicht anders vorgegangen sind. Aber nur wenige haben diesen unaufhebbaren Grundwiderspruch der Demokratie so entschieden vorgetragen und gelebt wie Helmut Schmidt.

Helmut Schmidt im Gespräch
mit Ulrich Wickert

# Eigentlich wollte ich Städtebauer werden

ULRICH WICKERT: Herr Schmidt, Ihr Platz in der Geschichte wird durch ein Ereignis gekennzeichnet, das erst zwanzig Jahre nach Ende Ihrer Amtszeit eintreten wird, die Einführung einer Europäischen Währung. Sie gelten als der Schöpfer dieser Währungsunion und damit des Euro. Wie kam es dazu?

HELMUT SCHMIDT: Lassen Sie mich zwei Vorbemerkungen machen. Die eine ist: Ich bin an einem Platz in der Geschichte nicht sonderlich interessiert. Darüber sollen andere urteilen, wenn ich unter der Erde bin. Zweitens: Ich war nicht der einzige Urheber einer europäischen Währung, vielmehr haben sie der französische Staatspräsident, mein Freund Valery Giscard d'Estaing, und ich gemeinsam erfunden. Wir sind uns schon seit den fünfziger Jahren begegnet, haben uns aber erst Anfang der siebziger Jahre als Finanzminister, er in Paris und ich in Bonn, näher kennengelernt. Der Zufall hat es dann gefügt, daß wir beinahe zur selben Zeit, nämlich im Frühjahr 1974, Regierungschefs wurden. Eine wichtige gemeinsame Erfahrung, die uns gleichermaßen geprägt hat, war der Zusammenbruch des Währungssystems von Bretton Woods. Bretton Woods ist ein kleiner Ort an der Ostküste der USA, wo 1944 ein System fester Wechselkurse aller wichtigen Währungen der Welt ausgeknobelt worden war, verbunden mit der Gründung der Weltbank und des Weltwährungsfonds. Der Dollar diente seither als Ankerwährung und das Gold wiederum als Anker für den Dollar. Die Amerikaner durften kein größeres Zahlungsbilanzdefizit entstehen lassen, als sie mit ihrem Goldschatz in Fort Knox aufwiegen konnten. Solange sie das schafften, war jeder Dollar ganz wörtlich Gold wert. Das System setzte ein erhebliches Vertrauen darauf, daß die Amerikaner keine allzu hohen Haushaltsdefizite und diese nicht über eine längere Zeit hinweg produzieren würden.

Viele Jahre ging das gut. Die Währungen wurden nur in gegenseitigem Einvernehmen ab- oder aufgewertet, wobei der Weltwährungsfonds mit einigen Hilfsmitteln, etwa mit Währungskrediten, verhinderte, daß dies zu oft geschah. Doch das US-Außenhandels- und Haushaltsdefizit stieg mit den Jahren, und die Welt begann zu zweifeln, ob die USA das wieder ausgleichen könnten. Das System brach schließlich Anfang der siebziger Jahre zusammen, weil die amerikanische Regierung – damals war Nixon Präsident – unter der finanziellen Last des Vietnam-Krieges ächzte und dafür Dollars drucken mußte, denen kein Gold als Sicherheit gegenüberstand. Von jetzt an glaubte Amerika nicht mehr, seine Rolle als weltweiter Währungshüter aufrechterhalten zu können. Die USA taten sich mit der Umstellung auf freie Wechselkurse zunächst schwer, aber letzten Endes waren sie es, die „Bretton Woods" zum Einsturz brachten. Sie fühlten sich durch das System mehr und mehr in ihrer Haushaltspolitik eingeengt. Nicht wenige Amerikaner dachten inzwischen, daß die eigene Haushaltspolitik, also die finanziellen Schwierigkeiten, kein anderes Land etwas anging. Nixon setzte die Konvertibilität des Dollars in Gold im Sommer 1971 aus.

Giscard und ich kamen in langen Gesprächen zu der Überzeugung, daß die europäischen Volkswirtschaften nicht in der Lage waren, sich einzeln gegen ökonomische Turbulenzen in der Welt ausreichend zu wappnen. Wir und auch andere in Europa sahen kommen, daß sich ohne „Bretton Woods" ein wildes Schwanken der Wechselkurse zwischen wichtigen Währungen entwickeln würde. Aus unserer Sicht gefährdete das die Beschäftigung in Europa, gefährdete auch den Handel und in Folge dessen die Aufträge, die aus dem Welthandel an die eigenen exportierenden Industrien gegeben würden. Wir sahen auch Gefahren für die Preise der zu importierenden Güter, nicht zuletzt eine hohe Inflationsrate in unseren Ländern. Wir brauchten gemeinsam den Erfolg. So kamen wir auf ein, wie es damals hieß, europäisches Währungssystem, das dafür sorgte, daß innerhalb Europas die Regeln des alten Bretton Woods-Systems wieder eingeführt und aufrechterhalten wurden, sprich feste Wechselkurse unter den europäischen Währungen galten. Das Projekt sollte zunächst einmal nur eine gemeinsame europäische Währung schaffen. Es war pragmatisch auf eine langsame, schrittweise Verwirklichung angelegt. Das Ziel von Giscard und mir lautete aber von vornherein, daraus eines Tages die einzige Währung innerhalb der Gemeinschaft zu machen. In den siebziger Jahren stand das noch am fernen Horizont.

ULRICH WICKERT: Mit dem Europäischen Währungssystem haben Sie etwas gemacht, was man einen Überraschungscoup und zugleich ein Lehrstück internationaler Politik nennen könnte. Sie haben es mit Giscard entwickelt, nur wenige Fachbeamte für die Details hinzugezogen und die europäischen Regierungschefs mit einem fertigen Konzept konfrontiert. In Ihrem Buch

„Die Deutschen und ihre Nachbarn" beschreiben Sie, weshalb Sie die Sache fast im Alleingang gemacht haben – so sei etwa vom deutschen Wirtschaftsministerium hinhaltende Kritik und Mobilisierung parlamentarischer und journalistischer Gegentruppen zu erwarten gewesen. Sind Bürokratien innovationsfeindlich?

HELMUT SCHMIDT: Generell darf man das bejahen. Generell sind Bürokratien darauf bedacht, ihre Zuständigkeiten zu wahren und ihre Einflußmöglichkeiten zu mehren. Insofern sind Bürokratien immer dagegen, daß etwas verändert wird. Sie haben ein Beharrungsvermögen in sich, und jede Veränderung birgt aus ihrer Sicht die Gefahr, daß ihre Zuständigkeit oder ihr Einfluß beschnitten wird. Man kann sagen, Bürokratien sind innovationsfeindlich. Das gilt auch für Finanzbürokratien, Finanzministerien und auch für privatwirtschaftliche Bürokratien und für Zentralbanken. Aber ich will noch etwas zu ihrem Wort vom Alleingang sagen. Ich halte diese Beschreibung für richtig. Das europäische Währungssystem hätte keine Chance gehabt, wäre es nicht zunächst von zwei Regierungschefs an einem Wohnzimmertisch in Hamburg-Langenhorn entwickelt worden. Bisweilen waren wir begleitet von jeweils einem vertrauten, sachverständigen Mitarbeiter, das war auf der französischen Seite Bernhard Clapier, auf der deutschen Seite Horst Schulmann, beide leben nicht mehr. Diese Fachleute haben die Details ausgearbeitet, um die wir uns selbst nicht kümmern konnten.

ULRICH WICKERT: Nachdem Sie das Konzept im kleinen Komitee ausgearbeitet hatten, mußten Sie es in die Europäische Union einbringen. Im Kreis der Regierungschefs haben Sie es sachte eingefädelt, ohne daß Sie durchblicken ließen, wie konkret die Vorstellungen von Giscard und Ihnen bereits waren.

Helmut Schmidt: Richtig. Übrigens hieß es damals noch nicht Europäische Union, wir sprachen von der Europäischen Gemeinschaft. Das war eine Verkürzung des ursprünglichen Begriffes von der Europäischen Wirtschaftsgemeinschaft. Giscard und ich haben unseren Kollegen die Idee zunächst mündlich vorgetragen, und zwar bei einem Treffen in einem Gästehaus der dänischen Regierung außerhalb Kopenhagens in ländlicher Umgebung. Diese Treffen der Regierungschefs waren ebenfalls eine Erfindung von Giscard und mir. Vorher hatte es nur ganz feierliche, sogenannte Gipfelkonferenzen gegeben. Wir haben daraus regelmäßige Arbeitssitzungen gemacht. Aber noch ein Wort zum Treffen in Kopenhagen: Einige Regierungschefs waren von der Idee überrascht, manche fanden sie auf Anhieb vernünftig, andere waren sehr skeptisch. Natürlich waren die Engländer skeptisch, in diesem Fall mein Freund Callaghan. Wir haben dann das Thema auf das nächste Treffen ein halbes Jahr später vertagt und dort auch verabschiedet. Der „Europäische Rat", wie wir uns mittlerweile nannten, kam dieses Mal auf deutschem Boden, im ehrwürdigen Bremer Rathaus, zusammen. Aber das Wort „verabschiedet" ist nicht ganz korrekt, denn wir haben das Europäische Währungssystem nicht in einem völkerrechtlichen Vertrag, der die Ratifizierung durch die beteiligten Parlamente in jeder Hauptstadt erfordert hätte, festgeschrieben, sondern in einem Abkommen zwischen den Zentralbanken der europäischen Länder. Wir wußten, die Zentralbanken würden zwar auch nicht begeistert reagieren, aber es waren weniger Personen, zumal fachkundige Personen zu überzeugen.

Ulrich Wickert: Sie haben später mit Giscard auch ein Komitee gegründet, das zur Bildung einer europäischen Zentralbank führen sollte. Sind Sie mit dem, was nun als Europäische Zentralbank entstanden ist, zufrieden?

Helmut Schmidt: Im Prinzip ja. Im Prinzip bin ich auch mit der zustande gebrachten gemeinsamen Währung zufrieden. Es hat im letzten Akt, kurz vor und kurz nach der Unterzeichnung des sogenannten „Maastrichter Vertrages", in dem das Ganze in eine völkerrechtliche Form gegossen und von den Parlamenten, zum Beispiel in Bonn und Paris, ratifiziert worden ist, ein paar überflüssige Irritationen gegeben, die mich geärgert haben. Zum Beispiel hat der damalige deutsche Finanzminister gesagt: „Wir machen das nur, wenn die Zentralbank nach Frankfurt kommt." Das war ungehörig. Es hat aber auf mehreren Seiten ungehörige Einlassungen gegeben, auch auf französischer und englischer Seite. Aber das liegt hinter uns. Es spielt für die Stabilität der gemeinsamen Währung Euro keine Rolle mehr.

Ulrich Wickert: Was sagen Sie denn zu der Schwäche, die man dem Euro im Augenblick andichtet?

Helmut Schmidt: Ich halte „Schwäche" für eine sehr leichtfertige Wortwahl. Genausogut könnte man sagen, der Dollar und der Yen seien überstark. Währungsschwankungen beurteile ich vor dem Hintergrund meiner vierzigjährigen währungspolitischen Erfahrung: Den Dollar habe ich schon bei 4,00 DM erlebt, sprich: die Deutsche Mark war schon sehr viel schwächer als der Euro heute, aber ich habe den Dollar auch bei 1,37 DM stehen sehen. Währungen sind hinsichtlich ihrer Kaufkraft im Ausland immer mal mehr, mal weniger wert gewesen, die Deutsche Mark nicht ausgenommen. In den achtziger Jahren ist der Wechselkurs der Mark relativ abgesackt, weil der Dollar aus psychologischen Gründen – Reagan wurde US-Präsident – stärker wurde. Ich halte alle diese Bewegungen der Wechselkurse für ziemlich unwichtig. Entscheidend ist immer die innere Kaufkraft, und da zeigt sich der Euro bisher jedenfalls stabiler als vorher die Deutsche Mark.

ULRICH WICKERT: Also kein Grund zur Sorge?

HELMUT SCHMIDT: Überhaupt kein Grund zur Sorge. Im Gegenteil, die sogenannte Schwäche des Euro begünstigt augenblicklich die europäischen exportierenden Industrien, was Arbeitsplätze sichert. Ein anderer möglicher Effekt, die Verteuerung der Importe, hat sich auf unseren Inflationsindex bisher überhaupt nicht ausgewirkt.

ULRICH WICKERT: Die Deutschen sind im ausgehenden Jahrhundert von Inflationsängsten geprägt worden. Wurden diese Ängste auf dem Weg zum Euro bedacht und berücksichtigt?

HELMUT SCHMIDT: Die Inflationsängste sind in Deutschland besonders ausgeprägt, das ist wahr. Anlaß zur Sorge sehe ich allerdings nicht. Es haben ja auch keine Sparerin und kein Sparer Angst um ihr Guthaben. Das Vertrauen in die eigene Währung, in die Stetigkeit ihrer Kaufkraft ist hoch. Bei der Konstituierung der Europäischen Zentralbank war es notwendig, dafür zu sorgen, daß nicht etwa ausgabefreudigere Regierungen als die deutsche die gemeinsame Währung ruinieren können.

Deshalb hat die Europäische Zentralbank im Maastrichter Vertrag eine sehr unabhängige Stellung bekommen, unabhängiger als jede andere Zentralbank der Welt, auch als die Deutsche Bundesbank. Und es ist ihr ausdrücklich verboten, Schuldscheine einer Regierung zu kaufen. Das heißt, die Zentralbank kann nicht, wie das früher in manchen Staaten in Europa, übrigens auch zu Hitlers Zeiten besonders in Deutschland, der Fall gewesen ist, Regierungsschuldscheine und -anleihen kaufen. Eine Regierung, die sich verschulden will, muß sehen, daß sie ihre Anleihen auf dem Kapitalmarkt unterbringt und dafür Abnehmer findet, die das interessant genug finden. Das ist nur reizvoll, wenn jene Regierung anständig hohe Zinsen zahlt, höher als eine Privatanleihe. Ich meine also, daß die Europäische Zentralbank sehr unabhängig von regierungsseitiger Beeinflussung arbeitet.

ULRICH WICKERT: Sie haben mit Giscard zusammen den Grundstein gelegt für den Euro, Sie haben sich mit ihm den Europäischen Rat ausgedacht, Sie haben aber auch den Weltwirtschaftsgipfel ins Leben gerufen. Welche Bedeutung sehen Sie in Treffen, an deren Ende möglicherweise kein konkretes Ergebnis steht?

HELMUT SCHMIDT: Persönliche Treffen unter den Regierenden sind wichtig. Giscard und ich haben die Weltwirtschaftsgipfel erfunden, weil wir davon überzeugt waren, daß die westliche Welt eine gemeinsame Antwort auf die von der OPEC ausgelöste Weltkrise, auf den Einsatz des Rohstoffes Öl als politisches Erpressungsmittel, brauchte. Das ging am besten, wenn die westlichen Regierungschefs ganz unter sich waren, wenn sie selbst miteinander sprachen, einander zuhören und antworten mußten. Dabei erreichen sie eine Offenheit, die ich im diplomatischen Verkehr häufig vermißt habe. Wenn man sich stunden- und tagelang begegnet und dabei merkt, man kann sich gegenseitig vertrauen, der andere zeigt Stetigkeit und Verläßlichkeit, kommt das der Klärung von Sachfragen entscheidend zugute. Es gibt natürlich auch den anderen Fall, ich habe ihn selbst oft erlebt, daß man merkt, man kann einem nicht so sehr vertrauen, er ändert häufig seine Meinung, oder er paßt diese Meinung innenpolitischen Zwängen an, sobald er zu Hause ist. Auch das muß man wissen.

Das Konzept von Giscard und mir sah vor, daß wir die Gipfelteilnehmer von der Außenwelt abschirmen. Das haben wir auch geschafft – beim ersten Weltwirtschaftsgipfel in Rambouillet, aber auch später, durften keine Journalisten in der Nähe sein. Die Regierungschefs haben tatsächlich offen miteinander geredet, es gab keine Ansprachen vor Fernsehkameras, es herrschte Diskretion. Später hat sich das völlig verwässert. Heute lassen Regierungschefs schon während der Konferenz über ihre Pressesekretäre verlautbaren, was sie gesagt haben oder was ein anderer Regierungschef gesagt hat, damit sie ihre eigene Haltung dagegenstellen können. Heute sind die Weltwirtschaftsgipfel zum Teil zur Bühne für Selbstdarsteller und zu Fototerminen entartet.

ULRICH WICKERT: Also braucht man sie nicht mehr.

HELMUT SCHMIDT: Das will ich nicht sagen. Die Gipfeltreffen sind nicht überflüssig geworden, die Regierungschefs müssen in jedem Fall miteinander reden. Allerdings würde ich es für wünschenswert halten, das Konzept der Treffen an die neue Weltlage anzupassen, etwa dadurch, daß man die chinesische und die russische Führung nicht nur am zweiten Tag, sondern vollständig einbezieht. Anders als in den siebziger Jahren sind China und Rußland zum Westen hin offene Weltmächte, deren ökonomische Entwicklung mittlerweile stark mit der in Westeuropa und Amerika verknüpft ist, an deren wirtschaftlichem Erfolg auch dem Westen sehr gelegen sein muß. Wir haben nicht mehr den kalten Krieg mit der westlichen Welt auf der einen und der kommunistischen Welt auf der anderen Seite und mit der sogenannten dritten Welt, den ehemaligen Kolonien, die sich zum größten Teil zu souveränen Staaten entwickelt haben, aber lange Zeit als nicht-relevant für die weltwirtschaftliche Entwicklung angesehen wurden. Den Ländern der dritten Welt kam über Jahrzehnte hin die Rolle zu, den Industriestaaten ihre Massenprodukte abzukaufen und dafür Öl, Mais, Bananen oder sonst welche Rohstoffe zu liefern. Wir leben heute in einer politisch und wirtschaftlich völlig anderen Welt. Der kalte Krieg ist zu Ende, wir haben globalisierte Märkte, und deshalb wäre es auf die Dauer ein schwerer Irrtum, China und Rußland aus der Gruppe der Gipfelstaaten auszuschließen. Ich glaube, daß in absehbarer Zeit auch Indien dazugehören müßte, immerhin ein Land mit eintausend Millionen Menschen, und auf lange Sicht auch Brasilien.

Ulrich Wickert: Die Beziehung zwischen Ihnen und Giscard war eigentlich ein historischer Glücksfall. Freundschaften zwischen Politikern kommen selten vor, noch seltener zwischen Politikern unterschiedlicher Länder. Besonders selten passiert es, daß eine solche Freundschaft so viele politische Früchte zwischen zwei Nachbarländern trägt. Nun ist der familiäre Hintergrund von Giscard und Ihnen ganz verschieden. Gab das irgendwelche Schwierigkeiten?

Helmut Schmidt: Nein, Schwierigkeiten gab es nicht, aber Sie haben ganz recht: Der familiäre Hintergrund, der Wohlstandshintergrund war unglaublich verschieden. Der eine lebte mit seiner Familie in einem Schloß und der andere in einem Haus, das die „Neue Heimat" gebaut hatte.

Ulrich Wickert: Sie wurden am 23. Dezember 1918, also wenige Wochen nach Ende des Ersten Weltkrieges geboren. Wurde Ihre Kindheit von den wirtschaftlichen Wirren der Weimarer Republik geprägt?

Helmut Schmidt: Unmittelbar nur in geringem Maße. Ab 1930 kamen die Notverordnungen, die zum Beispiel dazu führten, daß sich meine Eltern wegen der Gehaltseinbußen eine billigere Wohnung suchten. Aber indirekt habe ich sehr viel davon mitgekriegt. Ich kenne meine Frau seit 1929 und habe deshalb die wirtschaftliche Not ihrer Familie unmittelbar miterlebt. Mein späterer Schwiegervater war sechs oder sieben Jahre lang arbeitslos, obwohl er arbeiten wollte. Er war ein sehr begabter Mann, er spielte Cello und Flöte, und er konnte malen. Er hatte eine große Familie zu versorgen, mit vier eigenen Kindern und einem Ziehkind. Seine Dauerarbeitslosigkeit führte zu einer bitteren Situation. Die Armut, in der die Familie leben mußte, das Zusammenleben in einfachsten Verhältnissen und auf engstem Raum, hat sich mir schon als Junge eingeprägt. In dieser Zeit entwickelte sich meine tiefe Abneigung gegen eine Gesellschaft, in der Massenarbeitslosigkeit möglich ist oder sogar dauerhaft anhält wie gegenwärtig in Frankreich, Italien oder Deutschland, und der dringende Wunsch als Politiker, etwas gegen Massenarbeitslosigkeit zu tun. Das geht mir bis heute so. Ich bekleide zwar kein politisches Amt mehr, meine Bücher, Aufsätze und Reden handeln aber noch immer wesentlich von der Frage, wie wir die strukturellen und wirtschaftlichen Ursachen von Arbeitslosigkeit in den westlichen Industriestaaten in den Griff bekommen. Denn vor den Gefahren, die von dieser Arbeitslosigkeit ausgehen können und die wir ja in den zwanziger Jahren des ausgehenden Jahrhunderts erlebt haben, sind wir keineswegs gefeit. Auch heute könnte einer kommen, dem eine Masse von Menschen, die durch Arbeitslosigkeit psychologisch dafür disponiert ist, blind hinterherläuft.

Ulrich Wickert: Sie haben später einmal gesagt: „Lieber fünf Prozent Inflation als fünf Prozent Arbeitslosigkeit."

Helmut Schmidt: Ich habe es etwas anders gesagt, wenigstens etwas anders gemeint. Während der Ölpreisexplosion Anfang der siebziger Jahre – die ölexportierenden Länder haben den Preis innerhalb weniger Monate auf das Vierfache hinaufgetrieben, mit einer entsprechenden Verteuerung von Benzin, Heizöl und Strom in den Industriestaaten – hat man mir vorgeworfen, als Minister hätte ich diese Preissteigerung besser abfangen sollen. Darauf habe ich geantwortet: „Fünf Prozent Inflation sind leichter zu ertragen als fünf Prozent Arbeitslosigkeit." Übrigens haben wir die Steigerung damals in Deutschland besser abgefedert als fast alle anderen westeuropäischen Staaten. Wir sind nicht so schlecht gefahren.

Ulrich Wickert: Sie sind 14, als Hitler an die Macht kommt. Wurde bei Ihnen zu Hause über dieses Thema gesprochen?

Helmut Schmidt: Wenig. Aber für uns Kinder – Sie sagten es, ich war vierzehn, mein Bruder war zwölf Jahre alt – gab es keinen Zweifel daran, daß unsere Eltern die Machtübernahme der Nazis mißbilligten. Ich erinnere mich ganz deutlich daran, daß meine Großmutter sagte: „Welch ein Glück, daß Heinrich das nicht mehr erleben mußte." Heinrich war mein ein Jahr zuvor verstorbener Großvater. „Welch ein Glück, daß er das nicht mehr erleben mußte." Das Gefühl, daß ein großes Unglück eingetreten ist, hat sich auch uns Kindern mitgeteilt. Ich selbst habe das Ende der Weimarer Republik nicht so deutlich empfunden, wie es sich nun aus der Rückschau aus der geschichtlichen Betrachtung der damaligen Vorgänge darstellt. Da gab es keinen Bruch, das Neue stellte sich eher lautlos ein. Wir Jungs merkten, daß die Prügeleien und Schießereien in Barmbeck und in Eilbeck, in Ottensen und in ganz Hamburg aufhörten. Oder daß weniger Arbeitslose auf der Straße waren. In unserer Schule ist mit der Zeit eine Reihe von Lehrern freiwillig gegangen und ausgewandert, manche sind auch entfernt worden. Insgesamt war es für uns Schulkinder ein eher schleichender Übergang.

Ulrich Wickert: Als Sie dann in die Hitlerjugend eintreten wollten, wie es in Ihrem Alter üblich war, wurde Ihnen gesagt: „Das geht nicht, weil Sie einen ... "

Helmut Schmidt: Nein, das wurde zunächst nicht begründet. Meine Eltern haben nur gesagt: „Es geht nicht." Darüber war ich sehr unglücklich. Ich war 14 oder 15, stand also mitten in der Pubertät, da sind Jungs ein bißchen aufmüpfig, ich war es auch. Ich habe bei meiner Mutter – bei meinem Vater hätte ich es nicht gewagt – darauf bestanden zu erfahren, weshalb alle meine Klassenkameraden in die HJ durften, ich dagegen nicht. Und dann hat mir meine Mutter eröffnet, wovon ich bisher keine Ahnung hatte, daß einer meiner Großväter gar nicht der leibliche Vater meines Vaters, sondern der Ziehvater war, und daß sein wirklicher Vater ein jüdischer Kaufmann war. Ich habe diesen jüdischen Großvater nie kennengelernt, und ich weiß auch nicht, ob mein Vater seinem leiblichen Vater je persönlich begegnet ist. Mein Vater ist schon als Säugling adoptiert worden. Jedenfalls galt er im Sinne der Nürnberger Gesetze als sogenannter Halbjude, die Familie damit nicht als „rein arisch". Dieses Geheimnis wurde strengstens gehütet. Ich selbst habe nur mit meiner Mutter darüber gesprochen. Ich wußte nicht einmal, ob ich mit meinem Vater hätte darüber reden dürfen. Jedenfalls habe ich es nicht getan. Mein Vater hat sehr geschickt manövriert, hat Papiere beschafft, die uns eine rein arische Abstammung bescheinigten. Ich habe das Verbot, in die HJ zu gehen, schon bald als großen Glücksfall angesehen, kam ich doch nie in die Versuchung, ein kleiner Nazi zu werden.

ULRICH WICKERT: Sie haben noch im Dritten Reich geheiratet. Da brauchte man ja einen Ariernachweis.

HELMUT SCHMIDT: Ich will noch etwas zur Hitlerjugend sagen. Ich bin dort doch noch Mitglied geworden, allerdings unfreiwillig. An der Lichtwark-Schule gab es eine Ruderriege, deren Kapitän ich war. Zu der Riege gehörten etwa zwanzig Jungs, wir hatten zwei oder drei Boote beim Ruderclub Hansa liegen. Der Club wurde wie viele andere Vereinigungen und Verbände irgendwann in die Hitlerjugend überführt. Plötzlich gehörte ich der Marine-HJ an, aber nur bis kurz vor meinem 18. Geburtstag, dann haben sie mich wegen Meckerei ausgeschlossen.

Aber Sie erwähnten die Heirat. Ja, zur Hochzeit haben wir einen Ariernachweis gebraucht. Es war das erste und einzige Mal, daß ich konkret vor dieses Problem gestellt wurde. Ich mußte jetzt auch mit meinem Vater über unsere Vorfahren sprechen. Er zeigte mir ein Papier, das er sich beim Hamburgischen Staatsarchiv beschafft hatte und in dem stand, wann er von welcher Mutter geboren wurde. Zum Vater hieß es: „Vater unbekannt." Der war natürlich sehr wohl bekannt, er hatte ja für die Adoption bezahlt. Meinen damaligen Kommandeur Andersen interessierte dieser Nachweis zum Glück nicht. Ich glaube, er wollte nur sehen, ob meine künftige Frau zu mir paßt, ob sie meinem Stand entspricht. So muß er wohl gedacht haben. Jedenfalls hat er mir von seinem Adjutanten eine Bescheinigung ausstellen lassen, daß ich meinen Ariernachweis bei seiner Dienststelle erbracht hätte. Sie können sich denken, wie erleichtert ich und meine Familie waren. Loki und ich haben uns dann kirchlich trauen lassen. Allerdings sollte das keine politische Demonstration sein, wir wollten nur unsere Bindung an die Kirche ausdrücken.

Ulrich Wickert: Sie sind sehr musisch erzogen worden. Musik, Malerei wie auch Literatur spielten in Ihrem Elternhaus, aber dann auch an ihrem Gymnasium – die Hamburger Lichtwark-Schule, Sie haben sie schon genannt – eine wichtige Rolle. Gab es eine von den drei Musen, der Sie mehr zugeneigt waren?

Helmut Schmidt: Eigentlich nicht. Es gab sogar ein weiteres Feld, das Sie nicht genannt haben: Ich war seit meinem 15. Lebensjahr darauf eingestellt, Architekt zu

werden. Mir schwebte eine Kombination aus künstlerischem Schaffen und organisatorischer Tätigkeit vor. Mein Vorbild war der Hamburgische Oberbaudirektor Fritz Schumacher, den die Nazis schon 1934 aus dem Amt gejagt haben. Ganz konkret wollte ich Architekt und Städtebauer oder Städtebauer und Architekt werden. Zum Musiker hätte es nicht gereicht und zum Maler erst recht nicht.

Ulrich Wickert: Die Ausstellung „Entartete Kunst" im Jahre 1937 hat Sie stark beeindruckt, hat Sie aber auch politisch nachhaltig geprägt. Sie sagten einmal, seither hätten Sie ein Entsetzen vor den Nazis empfunden.

Helmut Schmidt: Ja, das stimmt. Mit meiner Familie und mit meinen Klassenkameraden verband mich die Liebe zu den deutschen Expressionisten. Die habe ich von einem fabelhaften Kunsterzieher an der Lichtwark-Schule vermittelt bekommen. Hierzu gehörten Ernst Barlach, Käthe Kollwitz, Emil Nolde, Max Pechstein, Karl Schmidt-Rottluff, George Grosz, Otto Dix, Christian Rohlfs und andere mehr. Diese Maler wurden in der von Goebbels inszenierten Ausstellung als „entartet" dargestellt und zugleich feierlich aus den Museen entfernt. Ich fand das entsetzlich und dachte mir: „Die müssen verrückt sein."

Ulrich Wickert: Sie haben sich später als Bundeskanzler stark für den deutschen Expressionismus eingesetzt. Sie haben zum Beispiel expressionistische Bilder in das neugebaute Kanzleramt mitgenommen oder für eine Ausstellung im New Yorker Guggenheim-Museum gesorgt. War das ein Akt einer kulturellen Führerschaft?

Helmut Schmidt: Nein. Darüber habe ich damals nicht nachgedacht. Ich empfand es schlichtweg als angemessen, die Expressionisten auf diese Weise zu würdigen.

Ulrich Wickert: Aber ist es manchmal nicht wichtig, daß man als Politiker sagt: „Schaut Euch das mal an und denkt in diese Richtung?"

Helmut Schmidt: Ja, das ist schon wichtig, und das Motiv stand auch bei mir dahinter. Aber den Ausdruck „Kulturelle Führerschaft", den Sie gebraucht haben, würde ich lieber vom Tisch nehmen. Meine Initiative beim Guggenheim-Museum hatte einen einfachen Grund: Mich hat bei meinen USA-Besuchen sehr geärgert, daß die Amerikaner vom deutschen Expressionismus, über den ich erzählte, kaum eine Ahnung hatten. Sie fanden in den amerikanischen Museen auch keine Bilder oder Skulpturen dieser Kunstrichtung, mit ein paar wenigen Ausnahmen. Inzwischen hat sich das verändert, und ich freue mich, daß ich zu dieser Entwicklung beitragen konnte. Deutsche Expressionisten erzielen heute auf den Kunstauktionen in New York horrende Preise.

Ulrich Wickert: Sie haben nach der Lichtwark-Schule zunächst den obligatorischen Arbeitsdienst geleistet. Der führte dann direkt in den Wehrdienst und zur Teilnahme am Zweiten Weltkrieg.

Helmut Schmidt: Ja, insgesamt waren das über acht Jahre.

Ulrich Wickert: Zunächst hat Sie aber noch etwas anderes stark geprägt, ich meine die Kontakte zu den Worpsweder Malern.

Helmut Schmidt: Eigentlich zu den Fischerhudern. Die ursprüngliche Worpsweder Malerkolonie war inzwischen in alle Winde zerstreut, und Otto Modersohn, der zu den Gründern gehört hatte, war in das Dorf Fischerhude bei Bremen gegangen. Ich kam dort durch einen Zufall hin. 1936 habe ich mit meinem Bruder eine Radfahrt von Hamburg bis nach Maria Laach am Rand der Eifel gemacht. Sie führte uns über Fischerhude, wo ein Kriegskamerad eines Onkels von mir lebte. Ich blieb dort ein paar Tage. Nach und nach lernte ich die Künstler dort kennen. Otto Modersohn habe ich noch selbst gekannt und auch ein paarmal besucht. Auch seine Söhne Ulrich und Christian waren sehr begabt. Außerdem lebten dort die Bildhauerin Clara Rilke-Westhoff, die Witwe von Rainer Maria Rilke, und die beiden Töchter von Heinrich Breling, einer der ersten Maler in Fischerhude überhaupt, er war schon lange vor dem Ersten Weltkrieg gekommen, die Bildhauerin und Keramikerin Amelie Breling und ihre Schwester Olga, verheiratete Bontjes van Beek, ursprünglich eine Tänzerin, später Malerin. In den Ateliers dieser Künstler konnte ich viele Stunden verbringen.

Die Prägung, von der Sie sprechen, ging aber auch von der weltoffenen, politisch liberalen Atmosphäre unter den Fischerhudern aus. Freunde aus Deutschland, ja aus aller Welt, Maler, Musiker, Schriftsteller, kamen dort zusammen, um über Kunst zu reden und künstlerisch zu arbeiten. Mit einer oder zwei Ausnahmen, aber das bekam man rechtzeitig gesagt, waren alle Gegner der Nazis. Die Atmosphäre war ausgesprochen freigeistig. Ich war dort sooft ich konnte. Ich wurde 1937 zur Luftwaffe nach Vegesack bei Bremen eingezogen. Fischerhude liegt zwar auf der anderen Seite von Bremen, aber doch nahe genug, daß ich immer wieder hinfahren oder besser hinwandern konnte, denn man mußte vom Bahnhof Sagehorn einige Kilometer zu Fuß durch die ganz flache Wümme-Landschaft gehen. Ich habe diese Landschaft geliebt. Fischerhude ist mir zu einer geistigen Heimat geworden und es eigentlich über das Ende der Nazizeit hinaus geblieben.

ULRICH WICKERT: Die Schrecken des Krieges haben Sie im Rußlandfeldzug unmittelbar erfahren. Dabei sind Sie bis kurz vor Moskau gekommen. Was wurde für Sie zum prägenden Kriegserlebnis? Todesangst?

HELMUT SCHMIDT: Angst habe ich im Krieg mehrfach gehabt, allerdings weniger die Angst vor dem Tod. Ich hatte konkret Angst, in sowjetische Gefangenschaft zu kommen. Es machten grausige Gerüchte die Runde, wie es einem dort ergehen würde. Ich hatte auch Angst vor einer schweren Verletzung, die nach langen Qualen in einem Feldlazarett schließlich zum Tod führen würde. Vor dem Tod selbst hatte ich, glaube ich mich zu erinnern, keine große Angst.

ULRICH WICKERT: Der sowjetische Staats- und Parteichef Breschnjew hat oft Klage darüber geführt, daß die deutschen Soldaten als Nationalsozialisten in sein Land eingefallen seien. Zwischen Breschnjew und Ihnen gab es mehrere Vier-Augen-Gespräche. Haben Sie ihm bei der Gelegenheit widersprochen?

HELMUT SCHMIDT: Nein, ich habe ihm eigentlich nicht widersprochen. Ich erinnere mich an ein Abendessen mit Breschnjew in einem quasi privaten Kreis, es muß um 1973 herum gewesen sein. Gastgeber war der damalige Bundeskanzler Brandt. Breschnjew redete lange, sehr lange – niemand hat ihn unterbrochen – über die Schandtaten der Faschisten, wie er immer sagte, und wie schrecklich der Krieg für die russischen Soldaten und das russische Volk gewesen sei. Als er geendet hatte, habe ich das Wort ergriffen und ihm auseinandergesetzt, daß der Krieg für uns deutsche Soldaten nicht weniger schrecklich gewesen sei. Und daß auch an uns Kriegsverbrechen begangen worden seien. Ich habe ihm auch gesagt, daß sich mir unter den vielen Soldaten, die ich im Krieg kennengelernt hatte, keiner als Nazi zu erkennen gegeben habe, auch keiner meiner Vorgesetzten. Ich bin in meiner ganzen Militärzeit nur einem Nazi begegnet. Ich konnte es Breschnjew auch nicht ersparen zu sagen, daß die deutschen Soldaten genauso wie die russischen geglaubt haben, ihre patriotische Pflicht erfüllen zu müssen. An diesem Abend hat sich eine persönliche Annäherung zwischen Breschnjew und mir eingestellt, eine Art persönliches Einverständnis in dieser Frage, das über den Augenblick hinaus Bestand hatte.

Ich habe Breschnjew im Laufe des Lebens dann noch fünf oder sechs Mal im persönlichen Gespräch erlebt. Dabei hat sich unser Einverständnis darüber vertieft, daß wir beide den Krieg im Grunde unseres Herzens haßten. Breschnjew war keiner, der Krieg führen wollte, er hatte Angst vor dem Krieg. Übrigens hatte er weniger Angst vor einem Krieg mit dem Westen als vor einem Krieg mit China. Anfang der fünfziger Jahre war es ja zum Zerwürfnis zwischen dem Sowjetregime und Mao Tse-tung gekommen. Ich erinnere mich an ein Gespräch, in dem er sehr ausführlich über seine Sorge sprach, mit China könne es zu einem Krieg kommen. Umgekehrt hat mir Mao Tse-tung in einem Gespräch 1975 gesagt, daß ein Krieg mit der Sowjetunion unausweichlich sei. Mao sagte: „Die sind militärisch sehr viel stärker als wir, die verfügen über Atombomben und haben so und so viele Divisionen entlang der gemeinsamen Grenze stationiert. Aber wir sind ihnen zahlenmäßig überlegen. Wir werden sie hereinlassen und mit dieser Überlegenheit schlagen." Mao schilderte treffend die gereizte Atmosphäre, die damals zwischen diesen beiden Riesenreichen herrschte.

ULRICH WICKERT: Aber was haben Sie dann gesagt, als der russische Präsident Jelzin gedroht hat, Rußland werde sich mit China gegen den Westen verbünden?

HELMUT SCHMIDT: Drohungen dieser Art gab und gibt es viele, auch von amerikanischer Seite. Oder denken Sie an die Drohung der NATO, gerade eben wieder ausgesprochen, daß ein etwaiger Angreifer im Ungewissen darüber bleiben müsse, wie der Westen reagieren würde; das schließt ein, daß der Westen auch mit nuklearen Waffen reagieren könnte. Meiner Meinung nach ist es ein Fehler, so etwas zu sagen und das auch noch zur Strategie zu machen. Aber was die Drohung Jelzins angeht: Ernster müssen Sie wohl nehmen, daß Jelzin hier nur etwas ausgesprochen hat, was nicht wenige Politiker in Rußland denken. Jelzin selbst konnten Sie schon lange nicht mehr ernst nehmen, weil er sich durch Alkohol ruiniert hat, aber ernst müssen Sie nehmen, daß er hier das Mundstück, der Lautsprecher gewesen ist für das, was die gegenwärtige Führungsschicht im Kreml denkt. Ich denke, Fehler werden auf beiden Seiten gemacht, von den Russen wie von den Amerikanern.

Ulrich Wickert: Zurück zu Ihrer Biografie. Sie werden nach Berlin in das Luftwaffenministerium abkommandiert. In dieser Zeit sollen Sie am Volksgerichtshof den Prozeß gegen die Widerständler des 20. Juli miterleben. Welche Erinnerung haben Sie daran?

Helmut Schmidt: Ich wurde nach Berlin in das Oberkommando der Luftwaffe versetzt, um Schießvorschriften für neue Maschinen-Flak-Waffen auszuarbeiten. Wir mußten diese Waffen auf dem Schießplatz ausprobieren und unsere Erfahrungen in Vorschriften umsetzen, damit Kanoniere und Offiziere, die diese Waffen bedienen sollten, etwas an die Hand bekamen. Von dort aus, es war im Herbst 1944, wurde ich zur Teilnahme an diesem Prozeß abgeordnet. Es wurde gegen Leuschner, Goerdeler, v. Hassell und Wirmer verhandelt. Ich habe erst später begriffen, daß ich nicht der einzige aus unserer Dienststelle war, der dorthin als Zuhörer abkommandiert war. Dorthin mußten vor und nach mir auch einige andere. Das hing, wie ich nachträglich weiß, damit zusammen, daß mein unmittelbarer Vorgesetzter, ein Generalstabsmajor mit Namen Friedrich Georgi, Schwiegersohn des Generals Olbrecht war, ein Mann aus dem Widerstand, den die Nazis gleich am 20. Juli umgebracht haben. Die Gestapo hat auch Georgi sofort verhaftet, und obwohl er in die Pläne der Stauffenberg-Gruppe eingeweiht war, hat er sich durchlügen und sein Leben retten können. Seine Frau hat unter der tödlichen Bedrohung ihres Mannes und der ganzen Familie in schlimmster Weise gelitten. Georgi war ein wunderbarer Kerl. Er hat nach dem Krieg als Buchverleger in Berlin gearbeitet. Jetzt ist er nicht mehr unter den Lebenden.

Als unmittelbare Untergebene standen wir vielleicht nicht im Verdacht, von den Attentatsplänen gewußt oder gar daran mitgewirkt zu haben, aber offenbar gab es irgend jemanden in der Führung in Berlin, der gemeint hat, diesen Leuten um Georgi muß man mal einen gehörigen Schrecken einjagen, schicken wir sie doch in den Prozeß am Volksgerichtshof. Was ich dort erlebt habe, hat mich tief erschreckt. Dieser Prozeß war eine reine Farce. Die Angeklagten konnten kaum ausreden, ihre Pflichtverteidiger hatten zum Teil, das habe ich später erfahren, ihre Aufgabe erst am Tag vorher zudiktiert bekommen. Das Ganze war scheußlich. Ich muß mich sehr zurückhalten, um für diesen Freisler, den Gerichtspräsidenten, kein unanständiges Wort zu gebrauchen. Zu Kameraden habe ich hinterher gesagt, diesen Freisler könnte ich umbringen.

Nach dem ersten Prozeßtag ging ich zu meinem General, Generalleutnant Heino v. Rantzau, ich weiß noch wie heute, wie er mich empfing. Er wußte, wo ich herkam, und sagte, als ich sein Zimmer betrat, zu mir: „Na, Schmidtchen, was haben die Braunen jetzt wieder angestellt?" Das war auf dieser Dienststelle der Ton; die Nazis hatten mit ihrem Verdacht schon nicht ganz unrecht. Ich habe dann Rantzau meine Eindrücke geschildert und ihn gebeten, da nicht wieder hin zu müssen. Ich sollte ja eigentlich am nächsten Tag wieder hin. Mein General hat mich väterlich-gütig davon befreit. Rantzau war kein Nazi und die anderen auf der Dienststelle auch nicht, mit einer Ausnahme, vor diesem einen Reserveoffizier mußten wir uns in acht nehmen. Aber in der Regel bin ich dort Berufsoffizieren begegnet, die bis zu diesem Zeitpunkt immer noch glaubten, daß es ihre Pflicht sei, das Vaterland zu verteidigen, so wie ich das ja auch für meine Pflicht hielt. Es war ein Glücksfall, daß ich dort als einer der wenigen Reservisten, als Reserveoffizier, später sagte man Kriegsoffizier, dienen durfte. Insgesamt habe ich schon viel Glück gehabt.

Ulrich Wickert: Sie sind dann wieder zur Truppe, wie man das nennt, zurückversetzt worden, nochmals an die Front, und haben dann das Ende des Krieges im Westen erlebt. Für kurze Zeit gerieten Sie in britische Kriegsgefangenschaft.

Helmut Schmidt: Das ist richtig. Diese Versetzung zur Truppe hatte übrigens eine interessante Vorgeschichte. Ich sagte schon, auf meiner Dienststelle war der Ton nazikritisch. Wir haben über die NS-Führungsleute freche Witze gemacht, ich auch. Ich hatte immer schon eine freche Klappe. Und dann hat mich dieser eine Nazi, ich erwähnte ihn schon, angezeigt, was zu einem Ermittlungsverfahren wegen Zersetzung der Wehrkraft führte. Zwei Generalstabsobersten aus dieser Dienststelle haben mich dann zu sich bestellt und mir eröffnet, in diesem Fall gebe es nur zwei Möglichkeiten: Entweder ich würde freigesprochen oder zu einer schweren Strafe, vielleicht zum Tode verurteilt. Um diese Frage gar nicht erst aufkommen zu lassen, haben sie mich von Berlin aus zweimal versetzt. Das Ermittlungsverfahren lief sozusagen hinter mir her, hat mich aber nie erreicht. Diesen Generalobersten verdanke ich, daß ich nicht vor Gericht gestellt wurde. Bei der Truppe wurde ich zunächst Chef einer 3,7-Flak-Batterie in einem Panzerkorps-Verband. Dieser Verband – er hatte weniger Panzer, als sich das anhört – nahm an der Ardennen-Offensive teil.

Ulrich Wickert: Sie sind nach der Entlassung aus der britischen Kriegsgefangenschaft sehr schnell der SPD beigetreten. Hatten Sie früher schon einen Hang zur Sozialdemokratie, oder was hat dazu geführt?

Helmut Schmidt: Ich wußte bis Ende des Krieges nicht, daß es die Sozialdemokratie gab. Eine politische Erziehung im demokratischen Sinne habe ich nicht gehabt. Allerdings wurde ich ja auch nicht politisch im Sinne der Nazis erzogen. Ich hatte einfach keine Ausbildung in politischen Fragen. Daß ich zur Sozialdemokratie ging, hing mit dem persönlichen Einfluß eines älteren Offiziers zusammen, eines Kameraden im belgischen Kriegsgefangenenlager. Da ging es uns ziemlich schlecht. Wir lebten Tag und Nacht unter freiem Himmel, erst später bekamen wir Zelte, und wir waren schlecht ernährt. Das einzige, wovon die Engländer genug hatten, war Toilettenpapier.

Aber noch einmal zu diesem Offizier, Oberstleutnant Hans Bohnenkamp, ein Mann mit Ritterkreuz und Eichenlaub, ein engagierter Demokrat und Sozialdemokrat. Er war vor 1933 religiöser Sozialist gewesen. In langen Gesprächen hat er mir geholfen, meine zunächst naive Vorstellung von Sozialismus auf den Begriff zu bringen. Die sozialistische Idee hatte mich schon vor 1945 beschäftigt, die Nazis – aber nicht nur die – hatten sie ja in ihr Programm und sogar in ihren Parteinamen geschrieben. Mich faszinierte die Vorstellung, daß die Menschen gleich seien, gleiche Rechte hätten und deshalb keine ungleichen sozialen Schicksale erleben und erleiden sollten. Ich weiß nicht, ob das schon in der Schule angefangen hat. In der Nazizeit war das eher ein unbestimmtes Gefühl, wir hatten – zum Glück muß man sagen – keinen Geschichts- oder Politikunterricht. Ich hätte meine vage Vorstellung von Sozialismus nicht rational begründen können. Ich habe auch nicht weiter darüber nachgedacht. Für einen Schüler oder jungen Soldaten ist sowieso nichts wichtiger als die eigene Freundin oder die Ehefrau zu Hause. Die gedankliche Durchdringung dieser Fragen begann erst in der Kriegsgefangenschaft, eben in den Gesprächen mit diesem Oberstleutnant. In Hamburg – ich wurde ja relativ früh aus dem Lager entlassen, wieder so ein großer Glücksfall – lag es nahe, mich für die Sozialdemokratie zu interessieren. Ich ging zu dem dortigen Ortsverein in Hamburg-Neugraben, das muß im Oktober/November 1945 gewesen sein, und mir waren die Leute auf Anhieb sympathisch. Und ich fand die politischen Ziele, die sie formulierten, sehr einleuchtend, sehr vernünftig. Bald darauf bin ich der SPD beigetreten.

ULRICH WICKERT: Sie wurden 1969 der erste sozialdemokratische Verteidigungsminister seit langer Zeit. Sind Erfahrungen aus dem Krieg in Ihre Amtsführung eingegangen?

HELMUT SCHMIDT: Aber ja. Schon in meine Ämter vor 1969. Ich bin 1953 das erste Mal in den Bundestag gewählt worden, 1957 ein zweites Mal. Schon in diesen ersten Jahren meiner politischen Arbeit gehörte ich zu einer Allparteien-Koalition von Abgeordneten, die gegen den Willen Adenauers eine Änderung des militärischen Oberbefehls durchgesetzt haben. Wir erreichten, daß kein Soldat Oberbefehlshaber für die Bundeswehr wurde, und daß es auch nicht der Bundespräsident oder der Bundeskanzler wurde. Der hätte diese Rolle allenfalls formal gespielt, um sie dann doch einem General zu überlassen. Seither nimmt der Bundesminister für Verteidigung den Oberbefehl wahr. Bei dieser Entscheidung, für die sogar das Grundgesetz geändert werden mußte, haben uns persönliche Kriegserfahrungen geleitet, aber sicher auch historische und politische Kenntnisse, die wir uns mittlerweile erworben hatten. Es lag zum Beispiel schon Karl Dietrich Brachers wichtiges Buch „Die

Auflösung der Weimarer Republik" vor. Ich kann schon sagen, bei einer solchen Frage habe ich einen Teil meiner soldatischen Erlebnisse verarbeitend in Politik umgesetzt, und als Verteidigungsminister erst recht.

ULRICH WICKERT: Sie werden der Wehrexperte in der Fraktion, aber 1961 kehren Sie dem Bundestag den Rükken, um als Innensenator nach Hamburg zu gehen. Dort kommt eine ganz große Bewährungsprobe, die Flutkatastrophe im Frühjahr 1962. Kurzerhand übernehmen Sie das Kommando über alle Einsatzkräfte zu Lande, zu Wasser und in der Luft. Seither gelten Sie als der Krisenmanager schlechthin. Trotzdem muß man fragen: Warum haben Sie sich damals einfach über alle und alles hinweggesetzt?

HELMUT SCHMIDT: Mein Ausscheiden aus dem Bundestag will ich doch kurz erläutern. Ich bin auf den Ratschlag des damaligen Fraktionsvorsitzenden Erich Ollenhauer hin nach Hamburg gegangen. Die Hamburger Sozialdemokraten hatten mich aufgefordert, in den Senat einzutreten, aber ich wußte nicht so recht, ob ich das tun sollte. Ich war gerade zum dritten Mal in den Deutschen Bundestag gewählt worden. Ollenhauer sagte zu mir: „Mach' das mal."

ULRICH WICKERT: Er meinte wohl, Sie sollten ein bißchen regieren.

HELMUT SCHMIDT: Ja, das meinte er. Ein bißchen Regierungserfahrung sammeln, richtig. Bei der Flutkatastrophe – sie kam gleich wenige Wochen nach meinem Amtsantritt – erwiesen sich die hamburgischen Behörden als ziemlich kopflos. Es war einfach notwendig, daß einer das Ruder übernahm. Einer mußte das in Ordnung bringen.

Ulrich Wickert: Auch bei der Gelegenheit haben Sie gezeigt: Wenn Sie erkennen, daß rasch gehandelt werden muß, kümmern Sie sich nicht so sehr um Strukturen, um Behörden und Hierarchien, sondern Sie machen es einfach.

Helmut Schmidt: Ja. Es ging darum, Menschen aus akuter Lebensgefahr zu retten, und dazu mußte man praktisch handeln. Da konnte man nicht erst feststellen lassen, was das Gesetz erlaubt und was nicht. Hierzu sind mir in der Flutnacht und an den folgenden Tagen zwei Umstände sehr zu Hilfe gekommen: Zum einen kannte ich die hamburgische Verwaltung, ich war hier Amtsleiter gewesen, bevor ich in den Bundestag gekommen bin, ich kannte also viele der entscheidenden Personen. Ich wußte, auf wen ich zählen konnte und auf wen nicht. Zum anderen kam mir zugute, daß ich im Verteidigungsausschuß des Bundestages Personen kennengelernt hatte, denen ich vertraute, und die ihrerseits wußten: „Dieser junge Innensenator in Hamburg ist kein Schaumschläger, wir geben ihm jetzt, was er braucht." Im Verteidigungsausschuß hatten wir zum Beispiel die Wehrverfassungsgesetzgebung gemacht. Bevor Sie ein solches Gesetz mitverantworten, treffen Sie unzählige wichtige Leute in der Bundeswehr oder im NATO-Oberkommando, es war ja auch das Verhältnis der Bundeswehr zur NATO zu regeln. So konnte ich zum Beispiel vom Hamburger Krisenstab aus den Oberbefehlshaber der NATO in Brüssel, Lauris Norstad, ein Amerikaner, ein wunderbarer Mann, anrufen und sagen: „Hier sind die Deiche gebrochen, Tausende von Menschen werden ertrinken, wenn wir sie nicht sofort mit Hubschraubern von den Dächern pflücken, auf denen sie sitzen." Die harrten auf den Dächern ihrer Wochenend- und Schreberlauben aus, während die Flut um sie herum immer höher stieg. Norstad wußte, daß es mir ernst war, und schickte die Hubschrauber ohne Zögern. Auch die Bundeswehrdienststellen hier rund um Hamburg schickten Menschen und Material und unterstellten sich damit praktisch der Weisung eines Zivilisten. Das war zwar von Gesetzes wegen nicht verboten, es war vom Gesetz auch nicht vorgesehen, es hat aber gut funktioniert, und nur darauf kam es in diesem Augenblick an.

ULRICH WICKERT: Haben Sie nicht den Eindruck, daß manchmal Politiker auch heute sagen müßten: „Jetzt setze ich mich über Strukturen und Hierarchien hinweg und handle." Der Bürger hat doch häufig den Eindruck, die Lösung wichtiger politischer Probleme kommt nicht voran.

HELMUT SCHMIDT: Ich glaube, die Demokratien in den westeuropäischen Ländern, also nicht nur in Deutschland, sondern genauso etwa in Frankreich, Italien oder England, erleben derzeit Belastungen, die eine zügige Lösung politischer Probleme behindern. Die eine Belastung ist die Verlagerung des politischen Willensbildungsprozesses heraus aus dem Parlament in das Fernsehen, in diese unzähligen Talk-Shows. Das Fernsehen verführt die öffentliche Meinung zu oberflächlichen Urteilen. Und es verführt die Politiker, diese Oberflächlichkeit noch zu verschlimmern, indem sie gezwungen werden oder sich zwingen lassen, komplexe Sachverhalte in 30 Sekunden zu beschreiben. Eine weitere Gefahr sehe ich darin, daß Kinder und Jugendliche mittlerweile mit

Gewaltdarstellungen aus der Glotze groß werden und somit Gewalt als normalen Bestandteil des Lebens betrachten. Als Bundeskanzler habe ich einmal angeregt, einmal pro Woche die Glotze auszulassen und statt dessen miteinander zu reden und etwas in der Familie gemeinsam zu machen. Dafür wurde ich ausgelacht. Meine grundsätzlichen Hinweise zur Wirkung des Fernsehens wurden überhört. Heute haben die Medien die Demokratie bereits sehr weitgehend verändert.

Zweitens spielt eine Rolle, daß die Gesetzgebung in den westeuropäischen Ländern inzwischen unsinnig weit vorangetrieben worden ist. In Deutschland umfaßt allein das Bundesrecht schon Zigtausende von Paragraphen, das Landesrecht und das Recht der Europäischen Union gar nicht mitgezählt. Einer hat mal ausgerechnet, daß bei uns 88 000 Paragraphen in Gesetzen und Rechtsverordnungen gelten, da sind die Erlasse noch gar nicht eingeschlossen. Keiner kann das mehr übersehen, auch die Politiker nicht. Das kann man ihnen wahrscheinlich gar nicht vorwerfen. Die deutsche Regelungswut ist gutgemeint, sie dient sozialen und gerechten Zielen, aber zugleich stranguliert sie unser Gemeinwesen und die Wirtschaft, indem sie unternehmerische Eigeninitiative erschwert.

Und dann kommt ein drittes hinzu: Anders als die Generation der Adenauer, Schumacher, Dehler oder Heuss, anders auch noch als meine eigene Generation, hatten die Politiker von heute keine Herausforderungen zu bestehen. Die erste und zweite Generation sind durch Zuchthäuser oder Konzentrationslager der Nazis gegangen, oder sie mußten emigrieren, sie haben durch Nazimord oder Krieg Familienmitglieder verloren, oder sie haben selbst den Krieg und Kriegsgefangenschaft erlebt. Als sie entlassen waren, häufig körperlich und seelisch versehrt, sind sie in die Politik gegangen mit dem Vorsatz: „Das darf sich nie mehr wiederholen. Wir müssen Deutschland physisch und moralisch wieder aufbauen." Ein schwieriger Lebensweg und die Konsequenzen, die daraus gezogen wurden, haben alle verbunden. Das Gemeinsame war das Erleben von Schicksal. Alle waren beherrscht von einem Pflichtgefühl, der res publica, dem öffentlichen Wohl zu dienen. Ein Strauß und ein Schmidt waren ganz unterschiedliche Typen, aber wir wußten beide, wo wir herkamen, nämlich aus dem Dreck der Schützengräben, wo es nach Tod gerochen hat. Und wir wußten beide, wir wollen unsere Lebensarbeit in dieses neue Gemeinwesen einbringen.

Längst haben wir diese stabile demokratische Ordnung, nicht nur in Deutschland, auch in den anderen westeuropäischen Ländern. Heute regiert eine politische Generation, die kein Schicksal hinter sich hat. Die Politiker von heute haben nicht nur weniger erleben müssen, sie haben es auch mit geringeren Herausforderungen zu tun. Das Leben ist ein bißchen leichter für sie. Man kann sie deswegen nicht schelten, sie können nichts dafür. Ich sage das auch ohne Vorwurf gegenüber der Generation der 68er-Intellektuellen, die inzwischen entweder Oberstudienräte oder Staatssekretäre oder sogar Minister geworden sind. Nein, im Gegenteil, alle späteren Generationen sollten sich darüber freuen, daß heutzutage selten eine große Herausforderung an einen Politiker herantritt und er ihr in der Krise gerecht werden muß. Das letzte Mal, daß das in Deutschland passiert ist, war der Zusammenbruch des Honecker-Regimes 1989. Kohl ist dieser Krise gerecht geworden, wenngleich er bei der wirtschaftlichen Vereinigung der beiden deutschen Staaten eklatante Fehler gemacht hat.

Ulrich Wickert: Sie wurden 1965 wieder in den Bundestag gewählt und rückten auch gleich in den Fraktionsvorstand ein. Sehr bald danach stirbt der Fraktionsvorsitzende Fritz Erler, sie werden sein Nachfolger. In der großen Koalition von 1966 an können Sie politisch viel gestalten. Sie arbeiten mit dem CDU-Fraktionschef Rainer Barzel zusammen, eine politisch erfolgreiche Zusammenarbeit. Sie haben sich aber auch menschlich gut verstanden. War die Achse Schmidt–Barzel wichtig für das Gelingen der großen Koalition, die ja in kurzer Zeit viel zustande gebracht hat?

Helmut Schmidt: Jedenfalls im letzten Jahr, als der Kanzler und sein Außenminister und Vizekanzler, also Kiesinger und Brandt, nicht mehr miteinander geredet haben. Da haben Barzel und Schmidt dafür gesorgt, daß die Maschinerie einigermaßen weiterlief. Wir kannten uns seit Mitte der fünfziger Jahre, als wir gemeinsam an der vorhin erwähnten Wehrverfassungsgesetzgebung mitgearbeitet haben. Jeder wußte, was er von dem Gegenüber zu halten hatte. Deshalb hat das funktioniert.

Ulrich Wickert: Ist Barzel eigentlich von seinen eigenen Leuten unterschätzt worden?

Helmut Schmidt: Barzel ist jedenfalls von seinen eigenen Leuten oder zumindest von einem Teil seiner Leute sehr schlecht behandelt worden, übrigens auch von dem späteren CDU-Parteivorsitzenden Helmut Kohl. Er hat nie recht Gelegenheit bekommen zu zeigen, was er kann.

Ulrich Wickert: 1969 kommt die sozial-liberale Koalition, Sie werden Verteidigungsminister. Wären Sie nicht lieber Fraktionsvorsitzender geblieben?

Helmut Schmidt: Das ist richtig, ja.

Ulrich Wickert: Aber Sie konnten nicht, Sie mußten in die Pflicht.

Helmut Schmidt: Ja. Brandt und Wehner haben mich damals sehr bedrängt. Brandt war noch Außenminister, Wehner Minister für gesamtdeutsche Fragen. Ich habe dann Ja gesagt unter der Bedingung, daß Herbert Wehner nicht dem neuen Kabinett angehört, sondern meinen Posten als Fraktionsvorsitzender übernimmt. Ich ging davon aus, und diese Annahme hat sich bewahrheitet, daß der Fraktionsvorsitzende Wehner dem Verteidigungsminister Schmidt den Rücken freihalten würde. Es war ja vorauszusehen, daß viele Sozialdemokraten darüber entsetzt sein würden, daß nun nach Noske zum zweiten Mal ein Sozialdemokrat für die bewaffneten Streitkräfte verantwortlich ist, ja sogar – anders als zu Noskes Zeiten – in Friedenszeiten den Oberbefehl über die deutschen Streitkräfte ausübt. Wehner hat meine Bedingung wahrscheinlich nicht gern akzeptiert, sich aber auch seinerseits in die Pflicht genommen.

Ulrich Wickert: Von Wehner haben Sie gesagt, diesen Mann hätten Sie geliebt.

Helmut Schmidt: Manchmal ja. Er war zuverlässig. Ein sehr kantiger Mann, manchmal unbeherrscht, er konnte explodieren, aber sehr zuverlässig. Über den Teil seines Lebens, der vor seiner Rückkehr aus Schweden liegt, kann ich mir kein Urteil erlauben, aber nach 1949, damals habe ich ihn kennengelernt, schon. Ich halte die jüngst geäußerte Kritik, er habe gegenüber dem kommunistischen Osten ein ungeklärtes Verhältnis gehabt, für substanzlos. Wehner war ein politisch aufrechter Sozialdemokrat, so aufrecht wie wenige Sozialdemokraten in der Geschichte der Bundesrepublik. Im politischen Tagesgeschäft war er natürlich auch ein brillanter Taktiker, aber das müssen sie als Fraktionsvorsitzender auch sein.

ULRICH WICKERT: Kommen wir noch einmal zum Verteidigungsminister Schmidt. Als Inhaber der Befehls- und Kommandogewalt haben Sie den Begriff „Feindbild" aus dem militärischen Wortschatz gestrichen.

HELMUT SCHMIDT: Ja. Ich habe die Worte „Feind" und „Feindschaft" für unzutreffende Vokabeln gehalten. Ich war von vornherein dagegen, in der Sowjetunion ein feindliches Land und in den sowjetischen Soldaten Feinde zu sehen. Wir sprachen ja vorher über die Verantwortung des einzelnen Soldaten für Verbrechen eines Regimes. Ich habe immer gewußt, daß es sich bei der Sowjetunion um einen militärisch sehr gefährlichen Nachbarn handelt, einen Nachbarn, in dessen Generalstab auch Pläne für einen Krieg mit dem Westen, einen Einfall nach Deutschland, gemacht wurden. Auf einen solchen Fall mußte man sich natürlich vorbereiten, Pläne zur eigenen Verteidigung entwickeln. Aber Worte wie „Feind" und „Feindschaft" und „Feindbild" hätten die Bevölkerung und die Soldaten in der Sowjetunion verunglimpft, also Menschen, die für solche Planspiele nichts konnten. Ich hielt es für ein Gebot der Fairneß und für eine vertrauensbildende Maßnahme, diese Menschen nicht länger „Feinde" zu nennen.

Ulrich Wickert: Sie haben als Verteidigungsminister auch mit Entscheidungen, die weniger politischen Charakter hatten, Akzente gesetzt. Sie haben zum Beispiel eine Big Band gegründet.

Helmut Schmidt: Ja. Ich hatte mich darüber geärgert, daß die deutsche Militärmusik noch immer die alten Märsche aus wilhelminischen Zeiten spielte. Ich fand das einfach nicht mehr zeitgemäß. Andere Armeen machten uns vor, wie es auch geht: Bei einem Besuch in Amerika zum Beispiel habe ich hinreißende Militärmusik erlebt, mit Saxophon und modernen Rhythmen. Diese Musik war schöner anzuhören und wischte auch das Bild vom Militär als Traditionsverein weg. Also haben wir diese Big Band gemacht. Das Echo war enorm, was Sie schon daran ersehen können, daß die Band unzählige Schallplatten verkauft hat. Vorher hätte keiner Musik von der Bundeswehr gekauft.

Ulrich Wickert: Die Musik mag moderner geworden sein, aber die Zeremonien sind doch unverändert geblieben. Ist es heute eigentlich noch angemessen, Staatsgäste mit militärischen Ehren zu empfangen?

Helmut Schmidt: Ob das angemessen ist, weiß ich nicht. Ich persönlich würde das gerne im Orkus der Geschichte verschwinden sehen. Aber die Zeremonien werden nun einmal in allen Staaten der Welt beibehalten, da können die Deutschen keine Ausnahme machen. Ich selbst halte nichts davon, auch nichts von Paraden. Ich habe als Bundeskanzler unzählige abgeschritten und mich doch nicht damit angefreundet.

Ulrich Wickert: Ebenfalls kein militärischer, aber doch ein stark politischer Akzent des Verteidigungsministers Schmidt war die Gründung der Bundeswehrhochschulen. Sie wollten dafür sorgen, daß die Soldaten über gewisse Kenntnisse verfügen.

Helmut Schmidt: Über eine gewisse Bildung. Diese Gründungen gestalteten sich gar nicht so einfach, denn es gab zwei Gegner: Zum einen paßte es den Universitäten und den kultusbeflissenen Politikern nicht, daß die Armee eigene Hochschulen bekommen sollte. Sie widersetzten sich mit dem lapidaren Hinweis, so etwas habe es ja noch nie gegeben. Zweitens waren die älteren Generale dagegen, aus demselben Grund. Ich habe argumentiert, es gehe doch nicht an, daß die Bildung eines Berufsoffiziers geringer sei als die Bildung einer Volksschullehrerin. Mit diesem Argument habe ich mich durchgesetzt.

Ulrich Wickert: Sie waren relativ kurz im Verteidigungsressort, sind schon bald Finanzminister geworden. Nach dem Rücktritt von Karl Schiller, den Sie aus der alten Hamburger Zeit kannten, übernahmen Sie ein „Superministerium" für Wirtschaft und Finanzen. Wäre es nicht überhaupt klug, diese beiden Ministerien zusammenzulassen ?

Helmut Schmidt: Ja. Ich halte das heutige Wirtschaftsministerium – unabhängig von der Person des gegenwärtigen Wirtschaftsministers, der seine Arbeit gut macht – für überflüssig. Erstens gibt es auf der ganzen Welt kein Wirtschaftsministerium von der Art, wie wir es in Deutschland haben, und da muß man schon fragen, weshalb alle anderen offensichtlich gut darauf verzichten können. Und zweitens hat das Wirtschaftsministerium nicht mehr die starke Stellung wie zu Erhards oder auch noch zu Schillers Zeiten. Ich habe an dieser Entwicklung nicht unerheblich mitgewirkt, indem ich die Verantwortung für Währung, Geld und Kredit und auch für Bank- und Versicherungsaufsicht beim Finanzministerium belassen und nicht an das Wirtschaftsministerium zurückgegeben habe. Aber hierfür gab es auch triftige Gründe, übrigens auch einige Beispiele wie das französische oder amerikanische, wo das schon immer gut funktioniert hat. Später sind dann auch die Handelspolitik und die Energiepolitik aus dem Wirtschaftsministerium herausgewandert, diesmal nach Brüssel. Zu Beginn der gegenwärtigen rot-grünen Regierung wurde auch noch die Verantwortung für die Europapolitik herausgenommen, auch das mit Recht. Es spräche einiges dafür, nunmehr das Finanzministerium und das Wirtschaftsministerium wieder zusammenzulegen.

Ulrich Wickert: Dann kommt der plötzliche Sturz von Brandt. Anlaß ist die Spionageaffäre Guillaume. Aber hatte nicht schon Wehner in diesem Sinne vorgebaut?

Helmut Schmidt: Das glaube ich nicht.

Ulrich Wickert: Sie wissen, wie Wehner über Brandt gesprochen hat, auch vor Journalisten. Zitat: „Der Kanzler badet gern lau – so in einem Schaumbad."

Helmut Schmidt: Das war eine von Wehners Explosionen, die ich vorher gemeint habe. Trotzdem glaube ich nicht, daß er Brandts Rücktritt betrieben hat. Die Entscheidung zurückzutreten, hat Brandt ganz eigenständig getroffen, sie kam sozusagen aus ihm selbst heraus. Das ersehe ich schon daraus, daß der äußere Grund, Guillaume, kein triftiger war. Wenn zur Zeit der Kanzlerschaft Kohl ein zweiter Guillaume enttarnt worden wäre, hätte Kohl anders entschieden als Brandt, er wäre nicht zurückgetreten. Ich war damals gegen einen Rücktritt von Brandt und sehe es heute genauso.

Ulrich Wickert: Willy Brandt hat Sie angerufen und Ihnen gesagt, er trete zurück und Sie sollten das Amt übernehmen.

Helmut Schmidt: Das stimmt so nicht. Er hat nicht angerufen, vielmehr saßen wir in Bad Münstereifel zusammen, allerdings nicht zu zweit, Herbert Wehner war mit dabei und wahrscheinlich noch andere. Es gab drei Zusammenkünfte nacheinander, insgesamt haben wir zwei lange Tage in Bad Münstereifel verbracht. Als mir Brandt gesagt hat, er wolle zurücktreten, habe ich ihn angeschrien, er solle das nicht tun. Ich fand den Grund einfach nicht angemessen. Sicher hat da auch eine eigene Angst vor dem Amt mitgespielt, genauer gesagt: vor der Verantwortung, die das Amt mit sich bringt. Für mich kam das ziemlich überraschend. Ich habe mich dieser Herausforderung im ersten Moment nicht unbedingt gewachsen gefühlt.

Ulrich Wickert: Was hat Ihnen der Mensch Willy Brandt bedeutet?

Helmut Schmidt: Willy Brandt war für mich seit dem Ende der fünfziger Jahre eine geliebte, hochrespektierte Führungsperson. Diese unbedingte Bereitschaft, sich seiner Führung anheim zu geben, hat in den späten sechziger Jahren abgenommen. Dafür gab es mehrere Gründe, ein wichtiger Grund war die von der Regierung Kiesinger–Brandt entworfene sogenannte Notstandsgesetzgebung. Deutschland mußte sich endlich eigene Notstandsgesetze geben, um die Vorbehaltsrechte der Alliierten loszuwerden. Amerikaner, Briten und Franzosen hätten sonst auf lange Zeit in jede innenpolitische Krisensituation eingreifen können, das war bis dato ihr verbrieftes Recht. Als die Regierung Kiesinger–Brandt ihren Gesetzesentwurf fertig hatte, brachte sie ihn im Parlament ein, wo Brandt, obwohl ursächlich daran beteiligt, bei den eigenen Leuten nicht dafür gekämpft hat. Es brauchte die Überzeugungsarbeit von Barzel und Schmidt, damit wir die Sache, zwar mit wesentlichen Änderungen, aber auf jeden Fall im Paket, hinbekommen haben.

Diese Notstandsgesetzgebung hat bis heute Bestand. Sie hat keineswegs zu faschismusähnlichen Verhältnissen geführt, wie einige Hitzköpfe auf der Linken befürchtet hatten, wohl aber wurden die Einflußmöglichkeiten der Alliierten wesentlich zurückgenommen. Was die Notstandsgesetze wert sind, haben wir schon wenige Jahre später bei der Schleyer-Entführung gesehen. In dieser innenpolitisch explosiven Situation, dieser bisher größten terroristischen Bedrohung unseres Rechtsstaates, hat eine Bundesregierung im Einvernehmen mit der politischen Opposition gehandelt. Ohne die durch die Notstandsgesetze geschaffene Souveränität hätten die Alliierten eingreifen und handeln können, wenn sie es für richtig hielten. Keiner weiß, wie es dann gelaufen wäre. Aber noch einmal zu Brandt: Daß er nicht zu dem stand, was er zuvor auf den Weg gebracht hatte, nur weil es Kritik in den eigenen Reihen gab, hat unser Verhältnis abkühlen lassen.

ULRICH WICKERT: Ihre Kanzlerschaft fällt – Sie haben es gerade gesagt – in die Jahre der terroristischen Herausforderung. Sie müssen eine schwere Entscheidung treffen: Entweder Sie lassen Terroristen aus deutschen Gefängnissen frei oder Sie gefährden das Leben des Arbeitgeberpräsidenten Schleyer. Sie haben dann klargemacht, daß sich der Staat nicht von Terroristen erpressen läßt. War das eine der schwierigsten Entscheidungen während Ihrer Kanzlerschaft?

HELMUT SCHMIDT: Natürlich war das eine sehr schwierige Entscheidung. Aber es gab auch andere, etwa bei der Entführung von Lorenz.

ULRICH WICKERT: Da hat sich der Staat noch erpressen lassen.

HELMUT SCHMIDT: Da hat der Staat nachgegeben, was ein schwerer Fehler war. Diesen Fehler kreide ich mir persönlich an. Ich war krank gewesen, hatte 40 Grad Fieber. Ich wurde mit Spritzen für kurze Zeit verhandlungsfähig gemacht, aber da hatten andere an meiner Stelle schon entschieden. Wäre ich gesund gewesen, hätte ich einer Freilassung der Terroristen nicht zugestimmt. Die wurden dann ausgeflogen, Lorenz kam frei. Kurz danach folgte die nächste Krise, die Besetzung unserer Botschaft in Stockholm und die Geiselnahme der Botschaftsangehörigen. Allerdings war ich mir schon vorher darüber klargeworden, daß wir den Fehler, den wir im Fall Lorenz gemacht haben, nicht wiederholen dürfen.

ULRICH WICKERT: Ihre Entscheidung, auch bei Schleyer hart zu bleiben, muß eine sehr schwierige Entscheidung gewesen sein. Denn Sie wußten ja auch, Sie verurteilen damit möglicherweise einen Menschen zum Tode.

HELMUT SCHMIDT: Auch in einer solchen Frage müssen Sie Chancen und Risiken nüchtern abwägen. Sie wahren die Chance, ein Menschenleben zu retten, aber Sie setzen sich auch einem unkalkulierbaren Risiko aus. Man gibt Verbrechern, darunter auch Mördern, die Möglichkeit, abermals Verbrechen bis hin zu Mord an dritten und vierten Personen zu begehen. Ginge es nach Ihrem Herzen, würden Sie die erste Handlungsmöglichkeit wählen – schließlich steht der Entführte, mit dem sie vielleicht sogar befreundet sind, vor Ihrem geistigen Auge. Möglichkeit zwei mit den späteren Opfern, gekidnappt oder erschossen von freigepreßten Terroristen, haben Sie zunächst nicht vor Augen, aber auch die müssen Sie sich vergegenwärtigen. Das mußte ich in jedem Fall aufs Neue tun. Stockholm habe ich alleine entschieden. Bei der Entführung von Hanns Martin Schleyer war die Verantwortung besonders bedrückend, die Verhandlungen mit den Kidnappern zogen sich wochenlang hin. Und dann kam noch die Entführung dieser Lufthansa-Maschine dazu. Ich wußte, was immer ich jetzt tue oder unterlasse, es wird in jedem Fall Opfer kosten, und in jedem Fall werde ich mit den Folgen belastet sein und sie verantworten müssen.

Ich habe versucht, diese Verantwortung zu teilen und so viele wie möglich erwachsene, verantwortungsbewußte Menschen in die Entscheidungsprozesse hineinzuziehen, zum Beispiel die Spitzen der Parlamentsfraktionen. An diesen Gesprächen waren immer der Oppositionsführer Kohl, aber auch Strauß, Brandt, Wehner, Genscher und Mischnick beteiligt. Zeitweise saßen wir jeden Tag zusammen, manchmal auch mehrfach am Tag, und haben uns auf ein Vorgehen bis zum nächsten Tag verständigt. Als Bundeskanzler trug ich zwar nach innen wie nach außen die Verantwortung, wir haben aber alle wichtigen Entscheidungen in diesem Kreis getroffen, auch die Entsendung eines bewaffneten Kommandos von Grenzschutzbeamten in den Nahen Osten. Dieses Kommando haben wir der entführten Maschine in den Mittleren Osten und schließlich bis nach Ostafrika hinterhergeschickt, wo es dann die Geiseln befreit hat. Aber in jeder Phase der Entführung waren es für alle Beteiligten schwierige Entscheidungen.

Ulrich Wickert: Für den Tag, als die Lufthansa-Maschine in Mogadischu befreit wurde, hatten Sie Schriftsteller zu sich in das Kanzleramt eingeladen.

Helmut Schmidt: Das war Zufall. Die Einladung war lange vorher ergangen.

Ulrich Wickert: Aber das geplante Gesprächsthema bezog sich doch auf die aktuellen Ereignisse: Sie wollten mit den Schriftstellern über die geistige Situation in Deutschland und über den Terrorismus reden.

Helmut Schmidt: Ja, das haben wir auch gemacht.

Ulrich Wickert: Max Frisch, Heinrich Böll, Siegfried Lenz, auch der Verleger Siegfried Unseld waren dabei. Günter Grass sollte auch hinzukommen, konnte aber nicht, er feierte seinen 50. Geburtstag. Haben Sie Wert darauf gelegt, auch den Rat von Leuten außerhalb des Politikbetriebes zu hören?

HELMUT SCHMIDT: Sehr großen Wert. Allerdings habe ich das nicht öffentlich zur Schau gestellt. Ich habe zu Personen des geistigen und künstlerischen Lebens, zu Musikern, Malern, Literaten, auch Philosophen immer engen Kontakt gepflegt. Das war für meinen eigenen Seelenhaushalt, aber auch für meinen geistigen Horizont notwendig. Es hat mir gerade in schwierigen Zeiten wie in den Wochen der Schleyer-Entführung sehr geholfen. Ich bin diesen Menschen außerordentlich dankbar.

ULRICH WICKERT: Sie haben Max Frisch sogar nach China mitgenommen. Warum eigentlich?

HELMUT SCHMIDT: Eigentlich als Witz. Es gibt ein Stück von ihm mit dem Titel „Die chinesische Mauer". Da habe ich gedacht, ich nehme ihn auf eine offizielle Chinareise mit, ich glaube es war 1975, damit er die chinesische Mauer auch mal in echt sieht. Das soll aber die Bedeutung, die ich den Chinareisen beigemessen habe, nicht verkleinern. China hat mich immer interessiert. Ich hatte schon als Verteidigungsminister begriffen, daß hier eine weitere Weltmacht entstehen würde. Man mußte Mao Tse-tung und sein riesiges Reich sehr ernst nehmen.

ULRICH WICKERT: Den haben Sie ja getroffen. Was war das für ein Mensch?

HELMUT SCHMIDT: Ein genialer Verrückter. Ein gebildeter, wenngleich sehr einseitig gebildeter Mensch. Bei unserer ersten Begegnung kam er auf mich zu und sagte: „Ich weiß, Sie sind ein Kantianer, ich bin ein Marxist." Und dann hat er über Clausewitz gesprochen und ihn auch einigermaßen richtig zitiert. Er hatte aber auch eine ganz andere Seite, er dachte und handelte rücksichtslos, wenn es um Menschenleben ging. Das Individuum bedeutete ihm nichts. Alles, was er gemacht hat, kann man auf eine ganz einfache Formel bringen: Er hat China von allen möglichen Übeln befreit und dafür alle möglichen anderen Übel zu verantworten.

Ulrich Wickert: Die Außenpolitik stellte Sie vor große Herausforderungen. Sie mußten die mit der Schlußakte von Helsinki eingeleitete Entspannungspolitik retten – sie kam dem deutsch-deutschen Verhältnis unmittelbar zugute – und auf ein militärisches Gleichgewicht zwischen Ost und West hinwirken. Sie haben Breschnjew versucht klarzumachen, daß die Stationierung der SS-20-Mittelstreckenraketen zu einem Ungleichgewicht zwischen der NATO und dem Warschauer Pakt führen würde. Es gelang Ihnen aber nicht, der russischen Führung klarzumachen, daß sie den Frieden in Europa gefährdete. Wo waren die Blockaden?

Helmut Schmidt: Das kann ich nur aus nachträglicher Einsicht beantworten. Ich habe mich darüber in den neunziger Jahren lange mit Michail Gorbatschow unterhalten und ihm genau diese Frage gestellt. „Sie waren doch damals schon Mitglied des Politbüros", so in etwa meine Worte, „als Ihr die SS-20 produziert und aufgestellt habt. Jede dieser Waffen habt Ihr mit drei Atomsprengköpfen bestückt, so daß Ihr mit ein- und derselben Rakete Hamburg, Bremen und Lübeck auslöschen konntet. Was habt Ihr euch eigentlich dabei gedacht?" Gorbatschows Antwort lautete sinngemäß: „Diese Frage ist im Politbüro nie debattiert worden. Der Beschluß wurde vom Militär gemeinsam mit dem alten Herrn getroffen." Mit dem alten Herren war Breschnjew gemeint. Als ich ein ziemlich ungläubiges Gesicht machte, fügte Gorbatschow hinzu, das Thema sei erst sehr viel später, als die Raketen längst stationiert waren, im Politbüro hochgekommen, aber dabei hätten Gromyko und Ustinov, also der Außen- und der Verteidigungsminister, die Runde beschwichtigt nach dem Motto: „Wir haben diese Raketen, der Westen hat sie nicht, weshalb sollen wir darüber verhandeln?" So ungefähr muß es gelaufen sein. Das Militär hat in Breschnjews letzten Regierungsjahren eine zu große Rolle gespielt, hat militärische Auffassungen zur Grundlage für politische Entscheidungen gemacht. Das konnte nur passieren, weil Breschnjew seiner Aufgabe in seinen letzten Amtsjahren nicht mehr gewachsen war. Ich habe ihn zuletzt 1981 erlebt, da war er nicht mehr auf der Höhe.

ULRICH WICKERT: Mit einer Rede in London haben Sie den Westen auf die Gefahren der sowjetischen Rüstungspolitik hingewiesen. Diese Londoner Rede, wie man sie später nannte, hat dann zum NATO-Doppelbeschluß geführt. Zunächst aber wurde das Problem in der amerikanischen Administration nicht gesehen. Weshalb nicht?

HELMUT SCHMIDT: Die Amerikaner – damals war Carter Präsident – haben das Problem wohl gesehen, aber sie waren unter dem maßgeblichen Einfluß einiger „Habichte" der Meinung: „Es betrifft uns nicht." Die SS 20-Raketen konnten das amerikanische Festland ja überhaupt nicht erreichen. Und sie sagten: „Wir haben die Langstreckenwaffen, mit denen können wir drohen." An der Glaubwürdigkeit dieser Drohung habe ich Zweifel gehabt. Übrigens war es weniger die Rede, mit der ich die Debatte um die Nachrüstung in Gang brachte, als vielmehr die Unterhaltung anschließend bei einem Abendessen. Da habe ich so richtig Tacheles geredet. Ich sah voraus, daß die nukleare Übermacht der Sowjetunion in Europa in ein, zwei Jahrzehnten dazu führen könnte, daß irgendein russischer Diktator mit Hilfe der SS 20-Raketen die deutsche Regierung würde erpressen können. Ich forderte deshalb gleichwertige Waffen, die umgekehrt die sowjetischen Städte bedrohen konnten, allerdings verbunden mit der klaren Erwartung, daß dies zu einer beidseitigen, gleichzeitigen Abrüstung und Verschrottung der Raketen führen würde.

Es hat tatsächlich ziemlich lange gedauert, bis sich die Amerikaner von den hartnäckigen Reden und Einwürfen des Deutschen Schmidt beeindrucken ließen. Jetzt lud Carter zu einer Konferenz in das Weiße Haus ein, an der die Regierungschefs der beiden europäischen Nuklearmächte England und Frankreich sowie der deutsche Bundeskanzler teilnehmen sollten. Mein Freund Giscard hat einem solchen Vierertreffen sofort zugestimmt, wollte aber sich und die anderen beiden Europäer nicht zum Rapport nach Washington vorladen lassen. Er schlug als Gesprächsort die französische Karibikinsel Guadeloupe vor, wo das Treffen tatsächlich zustande kam. Giscard und Callaghan ist zu danken, daß sie bei den Amerikanern massiv auf den NATO-Doppelbeschluß gedrängt haben.

Ulrich Wickert: Sie haben sich mit Carter nicht besonders gut verstanden. Hielten Sie ihn für naiv? Angeblich hat er zu Ihnen gesagt: „Helmut, wollen wir nicht die Mauer in Berlin beseitigen?"

Helmut Schmidt: Ich weiß nicht, ob Carter naiv war. Jedenfalls hatte er vor seiner Präsidentschaft keine außenpolitische Erfahrung gesammelt. Er mußte diese

Erfahrung erst machen. Als Belastung für unsere Zusammenarbeit habe ich empfunden, daß er immer wieder von moralischen Zweifeln geplagt wurde. Die führten manchmal über Nacht dazu, daß er das, was er gestern beschlossen hatte, am nächsten Morgen wieder in Frage stellte. Das ist mir mit ihm mehrfach passiert. Man konnte sich nicht darauf verlassen, daß gemeinsam getroffene Entscheidungen auch tatsächlich umgesetzt wurden. Insofern war Carter ein schwieriger Partner. Wenn man eine Sache gemeinsam beschlossen hat, muß sich jeder auf den anderen verlassen können. Man muß ja diese Entscheidung vor dem eigenen Parlament und vor der Öffentlichkeit vertreten. Ich gefährde meine Glaubwürdigkeit als Regierungschef, wenn ich mitten in diesem Überzeugungsprozeß erfahre, der Bündnispartner hat es sich anders überlegt. Ich habe Carter als angenehmen Mann mit respektablen, achtenswerten Grundsätzen erlebt, hielt ihn allerdings wegen seiner moralischen Skrupel und politischen Sprunghaftigkeit für nicht wirklich zuverlässig. Heute mag das anders sein, er ist ja nun auch zwanzig Jahre älter.

ULRICH WICKERT: Aber lag es wirklich an Carter? Ist es nicht ein genereller Wesenszug der amerikanischen Außenpolitik, daß sie über die europäischen Verbündeten hinweggeht?

HELMUT SCHMIDT: Ja, das kann man so sagen. Immerhin gab es aber zwei amerikanische Außenminister, auf deren Wort man sich verlassen konnte, Kissinger und Schulz. Sie verfügten zu Hause über genug Einfluß, um sicherzustellen, daß das Wort, das sie gegeben hatten, auch eingehalten wurde. Ich habe andere erlebt, etwa Vance, ein Mann von hoher persönlicher Integrität, von denen man das leider nicht sagen konnte. Grundsätzlich haben Sie recht: Es kommen immer wieder Leute an die Schalthebel amerikanischer Militärstrategie und Diplomatie, denen schlichtweg der Blick für die berechtigten europäischen Interessen fehlt. Das gilt bis auf den heutigen Tag.

Ich will aber auch ein Beispiel geben, wie es anders laufen kann. Kurz nachdem ich 1969 das Verteidigungsressort übernommen habe, fand ich Pläne der Amerikaner vor, nukleare Landminen entlang des Eisernen Vorhangs quer durch Deutschland zu legen, von der Ostseeküste an der Peene-Mündung bis zum Böhmer- und zum Bayrischen Wald. Ich habe gesagt, das komme überhaupt nicht in Frage, Deutschland dürfe nicht zu einem nuklearen Minenfeld werden. Mein amerikanischer Gesprächspartner, der damalige Verteidigungsminister Laird, hat das sofort verstanden und das Vorhaben fallenlassen. Laird hatte allerdings auch den Krieg erlebt, so daß er wußte, Landminen treffen – wir haben es jetzt wieder auf dem Balkan erlebt – in erster Linie die Zivilbevölkerung, nicht Militärs. Heutzutage haben Sie es mit Regierungschefs und Ministern zu tun, die den Krieg nicht mehr erlebt haben. Das ist, wir hatten das Thema schon, ein wichtiger Unterschied.

Ulrich Wickert: Im Ausland galten Sie als einer der angesehensten Regierungschefs der westlichen Welt, eine englische Zeitung hat Sie sogar zum „Mann des Jahres" gekürt. In Deutschland haben Sie zwar große Wahlerfolge gehabt, aber die Regierungsmacht bald nach der Wiederwahl 1980 verloren. Ihre Partei hatte sich insbesondere durch den NATO-Doppelbeschluß von Ihnen entfernt. Ist es manchmal nicht besser, mit der Mehrheit zu irren, als mit der Minderheit recht zu behalten?

HELMUT SCHMIDT: Der Spruch, auf den Sie sich beziehen, klingt im Original etwas anders. Rosa Luxemburg hatte nicht von der Mehrheit, sondern von den Massen gesprochen, also „besser mit den Massen zu irren". Ich würde die Frage aber in beiden Varianten verneinen. Ich würde meine persönliche Überzeugung niemals parteitaktischen Erwägungen unterordnen. Minister oder Regierungschefs, die sich nach diesem Prinzip richten, gehören abgelöst.

ULRICH WICKERT: Die Wechsel der F.D.P. von der SPD zur Union kam im September 1982, aber schon ein Jahr zuvor hatte Genscher einen „Wendebrief" in Umlauf gebracht. Glauben Sie, wenn Sie selbstkritisch zurückschauen, daß Sie die Koalition durch ein anderes Verhalten hätten retten können?

HELMUT SCHMIDT: Wohl nicht. Mein Fehler war, nicht von mir aus Schluß gemacht zu haben. Ich hätte schon 1981 zurücktreten sollen. Für Genscher, auch für Graf Lambsdorff, ging es gar nicht um die Politik oder die Person des Bundeskanzlers. Kohl und Genscher haben sowohl in der Außen- als auch in der Wirtschafts- und Finanzpolitik dort weitergemacht, wo Schmidt und Genscher aufgehört hatten. Kohl hielt zum Beispiel am NATO-Doppelbeschluß oder an der deutsch-deutschen Entspannungspolitik fest. Nein, für Genscher ging es darum, die Existenzberechtigung der F.D.P. zu beweisen. Genschers Kalkül lautete, eine kleine Partei mit wenig Stammwählern müsse von Zeit zu Zeit zeigen, daß sie eine wichtige Rolle in der Politik spielt, daß sie sogar Bundeskanzler austauschen kann. Wahrscheinlich sind Genschers und Graf Lambsdorffs Nachfolger bis heute von der Unverzichtbarkeit der F.D.P. überzeugt. Allerdings hat die rot-grüne Regierungsbildung die F.D.P. in eine ziemliche Bredouille gebracht, denn in der Opposition kann die F.D.P. schlecht ihre Unverzichtbarkeit beweisen.

ULRICH WICKERT: Glauben Sie, daß die F.D.P. noch eine lange Überlebenszeit hat?

HELMUT SCHMIDT: Nein, das glaube ich nicht. Allerdings ist das nicht nur eine Frage der Parteienkonstellation, ich sehe tiefere Gründe. Das liberale Grundprinzip, für das die F.D.P. eine Zeitlang stand und für das sie in der politischen Auseinandersetzung eine Gewähr bot, hat längst große Teile des deutschen Volkes innerlich ergriffen und ist auch in das Grundverständnis der anderen Parteien eingegangen. Ich kenne viele wirkliche Liberale in der christlich-demokratischen Union, bei den Sozialdemokraten, übrigens auch bei den Grünen. Ob es auch bei der PDS welche gibt, kann ich nicht beurteilen. Jedenfalls braucht die deutsche Politik keine eigene Partei mehr, um den Grundgedanken der Liberalität vertreten zu wissen.

ULRICH WICKERT: Der Regierung Kohl haben Sie bald nach deren Amtsantritt Dilettantismus, dem Bundeskanzler Führungsschwäche vorgeworfen. Offensichtlich fällt der Start schwer, wenn eine Partei nach einer langen Oppositionszeit auf die Regierungsbank zurückkehrt. Auch die Regierung Schröder hatte Schwierigkeiten beim Start. Was würden Sie heute einem Regierungschef empfehlen, um Anfangsfehler zu vermeiden?

HELMUT SCHMIDT: Ich habe im Lauf der letzten Jahre eine Reihe von Büchern und Aufsätzen geschrieben, in denen ich versucht habe darzulegen, was meiner Meinung nach in Deutschland ökonomisch und sozialpolitisch geschehen muß. Unsere Probleme von heute haben sich im Verlauf der achtziger, aber mehr noch der neunziger Jahre aufgestapelt und hätten schon in dieser Zeit angefaßt werden müssen. Ich habe dem Grafen Lambsdorff vor ein paar Jahren ein bißchen ironisch vorgehalten, sein Wendepapier vom Spätsommer 1982 könne er nun auch der Regierung Kohl präsentieren, es sei ja noch dasselbe zu kritisieren, was er als Wirtschaftsminister meiner Regierung zu kritisieren gehabt habe. Graf Lambsdorff antwortete mir sinngemäß: „Das stimmt, aber diesmal haben wir keinen alternativen Koalitionspartner, zu dem wir wechseln könnten." Das war witzig formuliert, aber er meinte es wohl auch so, das heißt, er gab indirekt zu, daß sich nichts wirklich geändert, manches sogar verschlimmert hat.

Die Regierung Schröder muß nun mit mehreren ganz dicken Problemen fertig werden: Das erste – wir haben schon darüber gesprochen – ist die mißlungene wirtschaftliche Vereinigung der beiden deutschen Staaten, die in einigen Städten der früheren DDR zu einer Arbeitslosenquote von de facto bis zu 40 Prozent geführt hat. Das zweite dicke Problem, auch das war hier schon Thema, ist die Undurchsichtigkeit der Steuergesetzgebung. Kein Vorstand einer großen Aktiengesellschaft, kein Geschäftsführer eines Unternehmens und auch kein Handwerksmeister im eigenen Betrieb kann noch die Paragraphen kennen, die er bei seiner täglichen Arbeit beachten müßte. Sie brauchen einen Steuerberater, einen Finanzvorstand, eine Wirtschaftsprüfungsgesellschaft, um die laufende Arbeit zu übersehen und Perspektiven für die Zukunft zu entwickeln. Das bedeutet einen riesigen Standortnachteil, über den sich ausländische Anbieter am zunehmend globalisierten Markt nur freuen können. Das dritte ist, daß die Steuerbelastung insgesamt zu hoch geworden ist, weil viertens die Sozialausgaben zu stark gestiegen sind. Das deutsche Sozialversicherungssystem befindet sich in einer Schieflage, weil de facto fünf oder fünfeinhalb bis sechs Millionen Arbeitslose keine Sozialversicherungsbeiträge zahlen. Ich kann jedem, der regiert, nur empfehlen, das zu tun, was der gesunde Menschenverstand schon in den achtziger oder neunziger Jahren hätte erkennen können.

ULRICH WICKERT: Nach Ihrer Kanzlerzeit haben Sie eine Idee von Willy Brandt aufgegriffen und die Deutsche Nationalstiftung ins Leben gerufen. Sie hat ihren Sitz in Weimar. Was bedeutet für Sie der Begriff „Nation"?

HELMUT SCHMIDT: Die Idee stammte aus der Ära Brandt, das ist richtig. Brandt wollte diese Stiftung damals mit öffentlichen Mitteln gründen, was am Widerstand der Länder gescheitert ist. Die Ministerpräsidenten haben im Bundesrat auf ihre Kulturhoheit gepocht. Die in den neunziger Jahren gegründete Nationalstiftung – zu ihren Vätern gehörten Kurt Biedenkopf, Kurt Masur, Reimar Lüst und ich – speist sich ausschließlich aus privatem Geld. Es kam zum Beispiel vom Verleger Bucerius ...

ULRICH WICKERT: Von Ihnen selbst ...

HELMUT SCHMIDT: Von mir selbst auch, von Hermann Josef Abs, Kurt Körber oder von Werner und Michael Otto. Die Nationalstiftung verfolgt einen doppelten Zweck: Sie möchte dazu beitragen, daß möglichst rasch wieder ein gemeinsames Identitätsgefühl aller Deutschen entsteht, und sie will vermitteln, daß unser Wohl nur als ein gemeinsames Wohl aller Europäer gedacht werden kann. Wir wollen also die deutsche Identität mit einer europäischen Identität verschwistern. Die Europäische Union ist wegen handwerklicher Fehler, auch persönlicher Verfehlungen einzelner Politiker, unter vielfachen Wind und vielfache Kritik geraten. Dennoch bleibt sie ein Unternehmen und eine Chance, für die es in der ganzen Weltgeschichte kein Beispiel gibt. Niemals, ob in Asien, in Afrika, im Mittleren Osten, in Amerika oder in Europa, haben Völker freiwillig Teile ihrer Souveränität aufgegeben, um gemeinsam gegen die Gefahren der Weltpolitik oder der Weltwirtschaft gewappnet zu sein. Immer sind die Zusammenschlüsse durch Gewalt entstanden – von Alexander bis zum Imperium Romanum, von Dschingis Khan bis zu Napoleon, Hitler oder Stalin, so bei den Kolonialreichen der Spanier, Portugiesen, Franzosen oder Engländer.

Freiwillig politische Souveränität aufzugeben, fällt vielen Völkern Europas schwer. Kein Wunder, daß viele Bürger noch skeptisch sind. Manche fürchten sogar um ihre Landessprache als einem wichtigen Träger kulturellen Erbes. Die Nationalstiftung möchte dazu beitragen, daß die Beispiellosigkeit der europäischen Integration, ihre historische Einzigartigkeit, anerkannt und wertgeschätzt wird. Wir Deutsche können unsere Zukunft nur gemeinsam mit unseren Nachbarn in Dänemark, Polen, Frankreich, Tschechien und den anderen meistern. Zusammen bestehen wir die Herausforderungen, die auf uns warten, etwa den Druck der Überbevölkerung in der südlichen und südöstlichen Nachbarschaft Europas, die absehbaren globalen Klimaprobleme, das Problem der Energieversorgung und das Problem einer sich weiter globalisierenden Wirtschaft. Dieser Prozeß des politischen Zusammenwachsens wird noch einmal ein halbes Jahrhundert beanspruchen, aber wir kommen nicht umhin, diesen Weg zu gehen.

Das schließt aber keineswegs die Notwendigkeit der Bewahrung des Nationalstaats aus, im Gegenteil! Der Nationalstaat und die Nation sind der Ankergrund für die Selbstidentifikation der allermeisten Menschen, die heute oder morgen in Europa leben. Wenn einer von uns draußen in der Welt nach seiner Herkunft gefragt wird, so wird er auch in Zukunft antworten: Ich bin Franzose oder Deutscher oder Pole.

ULRICH WICKERT: Sie haben sich in Ihren Büchern auch dem Spannungsfeld von Politik und Moral gewidmet. Bei der Debatte um Parteispenden hat man das Gefühl, daß das Streben nach Macht im Widerspruch zur politischen Moral steht.

HELMUT SCHMIDT: Wenn es nach mir ginge, würde in das Parteiengesetz hineingeschrieben, daß nur derjenige spenden darf, der als Person dafür geradesteht. Kein Verein, keine Organisation, keine Firma, keine Aktiengesellschaft sollte spenden können, auch nicht irgendeine staatspolitische Vereinigung, die das Geld bei der Industrie oder bei den Banken sammelt. Diese Institutionen können ja auch alle nicht wählen. Bekanntlich ist das Wahlrecht lebenden Personen vorbehalten. Jede Person soll so viel Geld spenden, wie sie will, da würde ich keine Grenze ziehen, aber alles andere würde ich verbieten, ausschließen, für unzulässig erklären. Die Parteien sind darauf auch nicht angewiesen. Anders als in den siebziger Jahren bekommen sie heute vom Staat ungeheuer viel Geld.

Ulrich Wickert: Zu viel Geld?

Helmut Schmidt: Viel zuviel. Die sogenannte Wahlkampfkostenerstattung macht die Wahlkämpfe immer aufwendiger, luxuriöser. Aber noch mehr macht mir Sorge, daß diese Art der Finanzierung die zentralen Apparate der Partei übermächtig werden läßt, auch die Personen an der Spitze der Apparate immer mächtiger werden läßt. Meiner Meinung nach sollten die Parteien auf die Beiträge ihrer Mitglieder und die Spenden ihrer Sympathisanten angewiesen sein.

# Maximen politischen Handelns

## Bemerkungen zu Moral, Pflicht und Verantwortung des Politikers

*Rede anläßlich des 250. Geburtstages von Immanuel Kant am 12. März 1981 in Bonn*

Im Bundestag habe ich oftmals gesagt, der Bundeskanzler dürfe nicht den Vordenker der Nation spielen wollen. Ich will heute hinzufügen, daß es mir auch gar nicht recht wäre, wenn es mir ginge wie jenem Staatsmann, von dem Sokrates gesagt hat: „Weiser als dieser Mann [also als der Staatsmann] bin ich schon; denn weder er noch ich weiß etwas Rechtes; aber er glaubt, daß er etwas weiß ...; ich weiß zwar auch nichts; aber ich bilde mir wenigstens nicht ein, etwas zu wissen." In die Rolle des so Karikierten möchte ich nicht kommen.

Ich will mich keineswegs als Kenner Kants ausgeben, sondern aus eigener Lebenserfahrung sprechen. Auf mich hat Kant bis heute einen durchaus prägenden Einfluß ausgeübt. Mich hat das idealistische Prinzip einer unbedingten, einer nicht durch Eigennutz oder Opportunismus verzerrten Pflichtauffassung fasziniert. Ein deutscher Philosoph hat einmal gesagt, Kant habe die Disziplin des Preußentums nach innen getragen (Karl Joel).

Auf mich hat die späte Schrift „Zum ewigen Frieden", die ich zuerst als junger Kriegsheimkehrer gelesen habe, einen tiefen Eindruck gemacht, gerade durch die Nüchternheit, mit der sich der Autor dort Illusionismus und Schwärmerei versagt, mit der er statt dessen konkrete völkerrechtliche friedenspolitische Schritte vorschlägt.

Übrigens in der Tat „Schritte". Kant spricht vom ewigen Frieden als einer Aufgabe, die nur nach und nach zu lösen sei, deren man schrittweise näherkomme.

Und soweit ich mich hier auf Kant berufe, so beziehe ich mich im wesentlichen auf die Schrift „Zum ewigen Frieden" und auf die Schrift „Idee zur allgemeinen Geschichte in weltbürgerlicher Absicht", beide nach den großen philosophischen Werken geschrieben.

Für mich sind bei Kant drei Dinge besonders wichtig: zum einen der Standpunkt einer Menschheitsethik, die von den fundamentalen Freiheiten aller Menschen ausgeht. Zum anderen die Pflicht zum Frieden und zur Völkergemeinschaft als eine zentrale moralische Norm und nicht nur als eine politische Norm. Drittens aber und vor allem die enge Verbindung zwischen dem Prinzip der sittlichen Pflicht und dem Prinzip der Vernunft oder, wie man heute sagen mag, der kritischen Ratio. Für mich persönlich hatte das hohe Pflichtethos als ganz junger Mensch bei Beginn des Krieges durch das Lesen von Marc Aurels „Selbstbetrachtungen" schon Bedeutung gewonnen; eine Schrift, die mir in der Nazizeit durch Zufall in die Hände gekommen war.

Wenn ich es richtig verstehe, bedeuten Pflicht und verantwortliches Handeln für Kant: in Übereinstimmung zu handeln mit dem, was den Menschen gemeinsam ist, was daher über alle sonstigen Unterschiede hinweg Verständigung ermöglicht, nämlich in Übereinstimmung mit der menschlichen Vernunft zu handeln. Dieser Gedanke hat mich als Kriegsheimkehrer sehr beeindruckt, denn ich hatte, wie viele Millionen Menschen auch, die verheerenden Folgen einer Politik ohne Vernunft, einer Politik des Wahns sehr unmittelbar erlebt.

Der kategorische Imperativ, in dem Kants praktische Philosophie gipfelt, lautet (in einer von mehreren Fassungen): „Handle nur nach derjenigen Maxime, durch die du zugleich wollen kannst, daß sie ein allgemeines Gesetz werde."

Für mich besagt das nichts anderes, als daß der Politiker, der verantwortlich handeln will, zugleich die Folgen seines Handelns für die anderen mit berücksichtigen soll. Nur so kann er ja herausfinden, ob seine Handlungsmaximen tatsächlich zu einer „allgemeinen Gesetzgebung" – wie es bei Kant in einer anderen Fassung heißt – taugen. Offensichtlich ist, daß an diesem moralischen Leitsatz sich auch die politische Moral orientieren muß.

Man könnte übrigens, etwa mit dem deutsch-amerikanischen Philosophen Hans Jonas, den kategorischen Imperativ heute so ausdeuten, daß man sagt: Handle so, daß dein Handeln weder die Zukunft des Menschen noch die Zukunft der Natur gefährdet. Ich will mir das noch nicht zu eigen machen. Ich deute damit nur an, daß zweihundert Jahre später mancherlei Modernisierungen vorstellbar, möglicherweise nötig sind.

Für den Politiker verlangt Kants Imperativ: Nicht auszugehen von Opportunitätsrücksichten, sondern alle von seiner Entscheidung betroffenen Interessen, alle von seiner Entscheidung ausgehenden Folgen gewissenhaft kennenzulernen und gewissenhaft gegeneinander abzuwägen. Die Crux liegt wie in vielen anderen Problemen der Politik darin, daß gleichzeitig unterschiedliche und sogar auch gegensätzliche Urteile und Lösungen durchaus moralisch gerechtfertigt sein können.

Ein Beispiel dafür: unsere Politik restriktiver Rüstungsexporte, die den genauso gerechtfertigten Vorstellungen der Beschäftigungspolitik entgegensteht.

Verantwortungsbewußte Politik muß, wie ich denke, den Begriff der betroffenen Interessen sehr weit fassen.

Betroffen sind von vielen unseren Entschlüssen auch zukünftige Generationen.

Aber – und hier liegt die Schwierigkeit jeder Politik – zum Schluß muß entschieden werden; und das Augenmaß der jeweiligen Mehrheit entscheidet – oder ihr Fehlurteil!

So ist das eben in der Demokratie, in der die Mehrheit recht bekommt, auch wenn sie nicht recht hat. Das ist einer der Fehler der Demokratie, die nicht behebbar sind. Und die Folgen werden häufig erst sehr viel später sichtbar. Vielleicht ist dann niemand mehr da, der sich verantworten muß, weil er nicht mehr im Amt oder nicht mehr am Leben ist.

Ein anderes Beispiel: die Energiepolitik. Niemand von uns glaubt, daß wir aller Sorgen ledig wären, wenn wir nur voll und ganz auf die Kernenergie setzen. Aber man darf auch nicht glauben, daß die anderen Energiearten ohne Risiken seien. Jeder Energieträger bringt entweder ökologische, politische, wirtschaftliche oder soziale Risiken mit sich oder mehrere davon gleichzeitig. Und für diese Risiken lassen sich keine absolut sicheren Voraussagen machen. Und da das nicht möglich ist, ist es nötig, die Risiken, wenn das geht, zu streuen und das Gesamtrisiko zu minimieren. Deshalb einerseits ein starker Nachdruck auf Energieeinsparung; deshalb andererseits Vorrang für die vorhandene bisher genutzte und deshalb in ihrem Risiko bekannte (übrigens in ihrem Risiko häufig unterschätzte) Kohle. Deswegen aber zugleich die Befürwortung der Förderung und der Nutzung neuer Energiearten; auch Förderung eines begrenzten Ausbaus der Kernenergie.

Solche Abwägungen, wie sie unsere Energiepolitik bestimmen, liegen mit Sicherheit in dem Rahmen, den der kategorische Imperativ zieht. Und dennoch kann man zu verschiedenen Ergebnissen kommen und sich leidenschaftlich die Köpfe darüber einschlagen. Daß andere energiepolitische Abwägungen auch möglicherweise voll im Rahmen dessen liegen, was der kategorische Imperativ uns sagt, ist für mich evident. Das vernunftmäßige Abwägen der Folgen einschließlich der Folgerisiken muß Entscheidungsgrundlage sein.

Aber ich denke nicht daran zu behaupten, daß jemand, der voll und ganz auf Kernkraft setzt, deswegen unmoralisch handele, und ich denke ebensowenig daran zu sagen, jemand, der Kernkraft absolut ablehnt, handele unmoralisch. Ich würde beiden extremen Standpunkten gegenüber immer nur sagen: Diese Kalkulation der Folgen und der Folgerisiken ist nicht vernünftig. Weiter dürfte ich nicht gehen, wobei ich natürlich näher aufzeigen müßte, warum solche Kalkulationen mir unvernünftig erscheinen.

Ich will in diesem Zusammenhang wiederholen: Der Politiker trägt nicht nur Verantwortung für seine guten Vorsätze oder seine gute Gesinnung, sondern vor allem trägt er Verantwortung für die Folgen seines Handelns oder Unterlassens. Das habe ich übrigens auch schon bei Marc Aurel gelernt, als ich neunzehn Jahre alt war. Um es zu verdeutlichen: Er hat Erwünschtes genauso zu verantworten wie Unerwünschtes, er hat die von ihm erstrebten Wirkungen, wenn sie wirklich eintreten, genauso zu verantworten wie die von ihm nicht erstrebten, aber tatsächlich eintretenden Nebenwirkungen, und die können sehr kompliziert sein und sehr unerfreulich.

Im Extremfall können Entscheidungen, die der Politiker treffen soll, Entscheidungen sein auf Leben und Tod. Ich habe das sehr bedrängend erlebt. Ich habe nach dem Mord an Hanns Martin Schleyer und nach der Befreiung der Geiseln in Mogadischu im Oktober 1977 dem Bundestag gesagt: „Wer weiß, daß er so oder so, trotz allen Bemühens, mit Versäumnis und Schuld belastet sein wird, wie immer er handelt, der wird von sich selbst nicht sagen wollen, er habe alles getan, und alles sei richtig gewesen. Er wird nicht versuchen, Schuld und Versäumnis den anderen zuzuschieben; denn er weiß: Die anderen stehen vor der gleichen unausweichlichen Verstrickung. Wohl aber wird er sagen dürfen: Dieses und dieses haben wir entschieden, jenes und jenes haben wir unterlassen, aus diesen oder jenen Gründen. Alles dies haben wir zu verantworten."

Es gab übrigens während jener Wochen und Tage der Entführung keine politische Theorie, keine politologische Theorie, auch keine moralische Theorie, die uns geholfen hätte.

Der Politiker wird nicht schon dadurch gerechtfertigt, daß er die richtigen, die moralisch begründeten Zwecke oder Ziele verfolgt. Das ist bestenfalls ein Teil seiner Legitimation. Seinem politischen Handeln muß eine kritische Analyse der Situation, der Zusammenhänge vorausgehen. Wenn er das unterläßt, kann das Handeln des Politikers überhaupt moralisch nicht begründet, nicht legitimiert werden. Irrtümer, die ihm unterlaufen in der Beurteilung der Situation oder Fehler in der vernunftgemäßen Auswahl der Mittel, zu denen er greift, um ein sittlich legitimiertes Ziel zu erreichen, können sehr tragische Folgen haben. Ebenso schlimme Folgen wie falsche moralische Grundsätze. Beides kann den Politiker disqualifizieren.

Ich orientiere mich sehr an Max Weber; das habe ich immer getan, weil ich von Anfang an so empfunden und, als ich Max Weber studierte, mich bestätigt und wiedergefunden habe. Max Weber sagt: Ein Politiker, der für andere handelt, darf sich keineswegs auf seine Gesinnung oder auf „Gesinnungsethik“ zurückziehen, vielmehr – und jetzt zitierte ich wörtlich aus dem berühmten Aufsatz „Politik als Beruf“ aus dem Jahre 1919 – hat er „für die Folgen seines Handelns aufzukommen“. Und dann steht bei Max Weber in Klammern noch dabei: für die „voraussehbaren“ Folgen seines Handelns. Ich möchte am liebsten das Wort „voraussehbar“ streichen, obwohl es natürlich für den Politiker angenehmer ist, wenn ihm attestiert wird, daß er nur für die voraussehbaren Folgen aufkommen müsse. In Wirklichkeit muß der Politiker auch für die Folgen aufkommen, die er nicht voraussehen konnte.

Früher habe ich einmal gesagt: Politik ohne sittliches Fundament ist gewissenlos, und sie tendiert zum Verbrechen. Kant schreibt in der Schrift „Zum ewigen Frieden“: „Wahre Politik kann also keinen Schritt tun, ohne vorher der Moral gehuldigt zu haben.“ Ich würde das heute auch umkehren wollen und sagen: Umgekehrt kann die Verfolgung sittlicher politischer Ziele ohne das „Augenmaß“ im Sinne von Max Weber möglicherweise zerstörerische Folgen haben.

Über dieses Zusammenspiel von zweckgerichteter Vernunft und moralischer Zielbestimmung in der Politik habe ich selbst häufig gesagt – Fachphilosophen haben mir das übelgenommen, weil das Wort „pragmatisch“ hier vielleicht anders gebraucht wird, als sie es gewohnt waren –, Politik sei pragmatisches Handeln zu sittlichen Zwecken oder zu sittlichen Zielen. Mit diesem Satz will ich klarstellen, daß pragmatisches Handeln, das ich für mich in Anspruch nehme, bei aller Fehlerhaftigkeit, nichts zu tun hat mit einem ziellosen oder perspektivlosen „muddling through“, wie einem beispielsweise unterstellt wird. Ich denke vielmehr, daß eine Politik, die mit praktischer Vernunft ethische Ziele oder Zwecke verfolgt, die dies mit Mitteln tut, deren Wirkungen der Situation angemessen sind, deren Nebenwirkungen sorgfältig kalkuliert, die als risikoarm befunden worden sind, daß eine solche Politik das Gegenteil ist von prinzipienlosem Opportunismus und das Gegenteil von verantwortungslosem Treibenlassen. Oder anders gesagt: Illusionistische Politik, welche auf vernünftige Berechnung verzichtet, kann gerade deshalb und trotz begründender „Theorie" sehr wohl unmoralisch sein, auch wenn ihre Zwecke durchaus als moralische Zwecke vorgestellt werden.

Kant benützt den Begriff des pragmatisch Richtigen überwiegend nicht als Gegensatz zum sittlich Richtigen; das kommt aber bei ihm auch vor. In der Schrift „Zum ewigen Frieden", ziemlich zum Schluß seines Schaffens, ist das Wort „pragmatisch" mit der Vernunft verbunden, die die politischen Grundideen in Übereinstimmung mit dem moralischen Prinzip auszuführen versteht.

Mir will scheinen, daß pragmatisch zu denken und pragmatisch zu handeln deshalb eine sittliche Pflicht jedes Politikers ist, der über moralische Prinzipien nicht nur reden will, sondern der diese vielmehr auch tatsächlich handelnd verwirklichen will. Und es ist ja noch ein Unterschied zwischen einem bloß theoretisierenden Politiker und einem, der handelt und verantworten muß, was er bewirkt.

Ich will das auch an einem Beispiel verdeutlichen. Die CDU/CSU tut sich in ihrer Deutschlandpolitik nun seit einem Dutzend Jahren, eigentlich schon seit drei Jahrzehnten, außerordentlich schwer. Jahrzehntelang hat sie mit gutem Gewissen die Einheit der Nation beschworen, mit vielerlei Worten. Aber in diesen langen Jahren wurde die Berliner Mauer gebaut, sind immer mehr Verbindungen zwischen den Deutschen hier und in der DDR abgerissen. Erst die sozialliberale Regierung hat sich dieser Entwicklung des Abreißens von Verbindungen entgegengestellt, hat Gespräche aufgenommen mit der Regierung der DDR. Diese haben in langwierigen, mühevollen Verhandlungen zu konkreten Erleichterungen, zu besseren Verbindungen zwischen den Menschen in beiden Teilen geführt.

Zum Wert der Einheit der Nation, zur Erhaltung der Nation haben sich alle Parteien bekannt. Aber die Mittel der CDU/CSU zu diesem Ziel erschienen und erscheinen mir als illusionär. Umgekehrt erscheint vielen Leuten in der CDU/CSU eine pragmatische schrittweise Politik des Aufbaus wirtschaftlicher und staatlicher Beziehungen zwischen den beiden deutschen Staaten, der pragmatische Kompromiß zwischen divergierenden Interessen als prinzipienlos. Dies insbesondere, nachdem wir uns auch durch Rückschläge nicht haben entmutigen lassen.

Ich glaube nach wie vor: Kooperation, wo immer möglich, mehr menschliche Berührung, mehr wirtschaftlicher und kultureller Austausch – das ist der einzige Weg, wie man politisch für die Erhaltung der Identität der Nation wirken kann. Ich sage deshalb keineswegs, die Deutschlandpolitik der Union sei unmoralisch, aber ich denke, der CDU/CSU fehlt das Augenmaß für die Folgen ihrer Deutschlandpolitik.

Ich habe immer wieder darauf hingewiesen, daß die Zeiten schwieriger werden, daß die Spielräume der Politik, insbesondere die ökonomischen und die finanziellen Spielräume, sich verengen – in der ganzen Welt. Diese Perspektive zwingt uns in besonderem Maße zu Nüchternheit. Dabei ist kritische Vernunft vonnöten. Manche bewährten Rezepte erweisen sich unter veränderten Verhältnissen nicht mehr als tauglich. In der vor uns liegenden Zeit eingeschränkter Verteilungsspielräume ist politische Erfindungsgabe, Flexibilität besonders gefordert. Es geht darum, neue Mittel und Wege zu finden, um soziale Gerechtigkeit, soziale Reform auch dann zu verwirklichen, wenn die Wachstumsraten der Vergangenheit ausbleiben.

Für Kant war soziale Gerechtigkeit noch keine politische Forderung. Hier ist er ganz Kind seiner Zeit. Ihm geht es um Gleichheit vor dem Gesetz, aber nicht um Chancengleichheit.

Was ich mit Erfindungsgabe und Flexibilität meine, dazu ein Beispiel: Wir haben im letzten Jahrzehnt entsprechend der sehr guten wirtschaftlichen Entwicklung eine gleichmäßige Erhöhung der Leistungen, zum Beispiel im familienpolitischen Bereich, für alle erreicht. Aber angesichts der sich verengenden Finanzspielräume kann es fraglich werden, ob man in der Zukunft so weitermachen darf. Vielleicht muß man zu einem gezielteren Einsatz der finanziellen Mittel zugunsten derjenigen kommen, die diese Leistungen am meisten brauchen. Schwierige Zeiten verlangen mehr Solidarität der sozial Stärkeren mit den sozial Schwächeren.

Mir scheint in diesem Zusammenhang der Gedanke wichtig, daß Reformen, die in verschiedenen Bereichen wünschbar und denkbar sind, nicht notwendigerweise zusätzliche oder höhere Kosten verursachen müssen, daß sie sogar Kosten sparen helfen können. Zum Beispiel wenn in Ballungsgebieten, möglicherweise durch Reformen im Bodenrecht, das Bauen wieder leichter gemacht werden könnte. Oder was die Integration ausländischer Arbeitnehmer, vor allem ihrer Kinder, angeht: Wer dafür heute sorgt, erspart auf längere Sicht nicht nur sehr viel Haushaltsmittel, sondern auch hohe „social costs".

Nun darf andererseits die Tatsache, daß die Zeiten schwieriger geworden sind in ganz Europa, in Nordamerika, in der ganzen Welt – mit Ausnahme der OPEC-Staaten –, kein Grund sein zur Mutlosigkeit. Die Stärke der westlichen Demokratien liegt doch gerade in ihrer Offenheit, in ihrer Leistungsfähigkeit, in ihrer Anpassungsfähigkeit an neue Situationen und neue Probleme.

Diesen demokratischen Prozeß konnte Kant sich noch nicht vorstellen. In unserem Sinne konnte er ein Demokrat noch nicht sein – schon gar kein Sozialdemokrat. Eines allerdings sieht der späte Kant schon sehr deutlich, nämlich, daß der Konflikt eine positive Funktion für den Fortschritt hat.

Die Stärken der Demokratie, zumal ihre Lernfähigkeit, zumal ihre Anpassungsfähigkeit, gedeihen in der Tat nur in einem Klima, das Diskussion und Konflikt zuläßt, das sogar Streit zuläßt.

Es wäre für unsere politische Kultur ein bedenkliches Mißverständnis, wenn Meinungsstreit und wenn Konflikte verteufelt würden. Wer geistige und wer politische Auseinandersetzung so negativ bewertet, der verkennt die positive Rolle des Konflikts für den kulturellen Fortschritt wie für den politischen Fortschritt.

Allerdings will ich freimütig hinzufügen: Allzuviel Streit ist in einer Demokratie von Übel, und Porzellan muß dabei nicht unbedingt zerschlagen werden.

Umgekehrt gilt jedoch: Angst vor dem Konflikt, übersteigertes Harmoniedenken oder gar die Sehnsucht nach einem vom Staat gestifteten, für alle verbindlichen Sinnzusammenhang, die können die politische Kultur, die können die Substanz unserer Demokratie gefährden. Solches Denken fiele weit zurück hinter die aufklärerische Philosophie Immanuel Kants. Der späte Kant in der „Idee zur allgemeinen Geschichte in weltbürgerlicher Absicht" bewertet den Konflikt positiv und als notwendig für den Fortschritt der Gesellschaft. Er muß ja auch den Konflikt anerkennen, weil er die Vernunft des einzelnen für begrenzt hält. Und beides ist heute, nach fast zweihundert Jahren, keineswegs überholt.

Wenn ich es richtig verstehe, darf bei Kant die Vernunft des einzelnen keinen Absolutheitsanspruch erheben, oder, um Adolf Arndt sinngemäß zu zitieren: Die Vernunft gehört zum „vorletzten Bereich". Sie darf ihre Grenze nicht überschreiten. Sie übernähme sich, wenn sie eine umfassende Weltanschauung oder Heilslehre oder auch nur ein Konzept, mit dem man den Sinn des Lebens erfaßt, als verbindliche Wahrheit verkünden wollte. Kant und Lessing sind, wie mir scheint, wohl die bedeutendsten Philosophen der Aufklärung auf deutschem Boden. Beiden ging es darum, den Ansprüchen der Vernunft kritisch gegenüberzustehen, nicht aber sie dogmatisch zu überhöhen. Konservative Kritiker irren, wenn sie der aufgeklärten politischen Kultur den Vorwurf machen, sie setze die Vernunft als neues Dogma an die Stelle der alten Dogmen. Aufklärung kann immer nur so weit reichen, wie sich Glaubenshaltungen, wie sich Werthaltungen rational diskutieren lassen.

Kant hat die Vielfalt und die Gegensätzlichkeit der Wertorientierung, auch der Interessen akzeptiert. Anders als Hegel und ganz anders als Marx hat er darin keine „Entfremdung" des Menschen gesehen, die überwunden werden müsse.

Die Freiheit, die Kant für das Individuum verlangte, war selbstverständlich gegen die Forderungen des absolutistischen Staates seiner Zeit gerichtet. Die mit der Freiheit des einzelnen verbundene Vielfalt und Gegensätzlichkeit der Interessen sind aber auch heute noch die Wurzeln der Konflikte in unserer Gesellschaft.

Nach konservativem Verständnis ist das Gemeinwohl auf Harmonie angelegt. Noch mehr: Harmonie, nein, Einigkeit ist geradezu das Fundament. Parteienstreit, Tarifkonflikte, das Neben- und Gegeneinander der vielfältigen Strömungen, das ist verdächtig. Konflikt ist im strikt konservativen Modell der gesellschaftlichen Beziehungen eigentlich gar keine legitime Kategorie. Solches Harmoniedenken lag zum Beispiel Ludwig Erhards Zielvorstellung einer „formierten Gesellschaft" zugrunde. Für mich war das eine genauso untaugliche Vorstellung wie Othmar Spanns Ständestaat.

Es gibt neben den zeitbedingten sehr prinzipielle Gründe, weshalb das Konzept einer formierten Gesellschaft scheitern mußte. Eine demokratische Industriegesellschaft ist ohne Vielfalt und Gegensätzlichkeit der Interessen, der Meinungen überhaupt nicht vorstellbar. Und jeder Versuch, dieser Gesellschaft ein einheitliches Sinnkonzept überzustülpen, muß an dieser Realität scheitern.

Weil aber dem harmonischen Gesellschaftsverständnis Konflikte wesensfremd sind, weil Personen oder Gruppen, die solche Harmonie in Frage stellen, als Störer gelten, als nicht zugehörig oder als Außenseiter, mit denen man nicht zu argumentieren brauche, weil es genüge, wenn denen der Staat „Flagge zeige", weil der Staat ihnen geistige Führung vorgeben müsse, dann kann diese in Wirklichkeit zur Desintegration der Gesellschaft führen. Zu verstärktem Freund-Feind-Denken, das heißt zu weniger Bereitschaft, zu weniger Fähigkeit zur friedlichen Konfliktbewältigung, zu weniger Bereitschaft und insbesondere zu weniger Fähigkeit zur Konsensfindung, das heißt insbesondere zu weniger Bereitschaft und Fähigkeit zum Kompromiß.

Richard von Weizsäcker hat sich einmal im Bundestag, wie ich meine, ziemlich überflüssige Gedanken darüber gemacht, wie die Periode meiner Kanzlerschaft in der Geschichte bewertet werden würde. Ich will dieses Urteil gern anderen und späteren überlassen. Eines will ich aber deutlich sagen: Mein Wunsch ist, daß diese Periode trotz schwieriger werdender Zeiten nicht unter dem Zeichen von weniger Pluralität steht und nicht unter das Zeichen von weniger Diskussion gesetzt wird.

Politisch Andersdenkende, und das gilt insbesondere für junge Leute, dürfen mit ihren Auffassungen auch in Zukunft nicht an den Rand gedrängt werden, auch dann nicht, wenn ihre Ansichten der Mehrheit noch so abwegig erscheinen.

Sozialdemokraten haben mit der Übernahme der Regierungsverantwortung 1969 eine geistige Strömung der sechziger Jahre aufgehalten, die darauf hinauslief, daß das Gemeinwohl vom Staat vorgegeben werden sollte. Für mich hingegen gilt, daß das Gemeinwohl im Wandel der Verhältnisse immer neu bestimmt werden muß. Und für diese immer neue Bestimmung kann es für einen Demokraten, kann es in einer Demokratie keinen anderen Weg geben als das Ringen, die Auseinandersetzung zwischen verschiedenen, zwischen gegensätzlichen Anschauungen und Interessen.

Demokratie ist ein Prozeß und kein Zustand. Zu diesem Prozeß muß auch gehören, einmal getroffene Entscheidungen zu überprüfen. Und dazu sollte gehören, eigene Irrtümer zu korrigieren, wenn Entscheidungen sich als Irrtum erweisen. So haben wir uns beispielsweise gegenüber dem „Extremistenbeschluß" von 1972 korrigiert. Leider sind Schritte zur Selbstkorrektur in unserer politischen Kultur relativ selten – übrigens auch in der wissenschaftlichen Kultur.

Als der damalige Bundeskanzler und die damaligen Regierungschefs der Länder 1972 den Extremistenbeschluß faßten, hatten sie zu einer Vereinheitlichung von

Überprüfungs- und Einstellungspraxis von Bewerbern für den öffentlichen Dienst gelangen wollen. Dieses Ziel wurde nicht erreicht. Statt dessen kam es zu bürokratischen Auswucherungen des Überprüfungsapparates, die man sich anfangs gar nicht vorgestellt hatte. Daraus entstanden Ängste, vor allen Dingen bei der Jugend, die weit über den Kreis derer hinausreichten, die tatsächlich Anlaß hatten, eine Überprüfung zu fürchten.

Und deswegen haben die von einer sozialliberalen Koalition regierten Länder und die Bundesregierung sieben Jahre später auf die sogenannte Regelanfrage verzichtet, weil „Aufwand und Ertrag" in einem krassen Mißverhältnis zueinander standen. Aber auch nach einer solchen Korrektur bleiben Wirkungen nach. So zum Beispiel, wenn jener Beschluß des Jahres 1972 auch heute noch dazu führt, daß Menschen sogar in ihrem privaten Bereich in ihrer freien Entfaltung beschränkt werden. Ich denke an jenen Fall, wo einem Ehepaar die Pflegeerlaubnis für ein Mädchen verweigert wurde, weil der Mann Mitglied der Deutschen Kommunistischen Partei ist. Und ich finde es mindestens bedenklich, wenn ein Ministerpräsident im Bundestag verkündet, Wehrdienstverweigerer dürften in seinem Lande jedenfalls nicht als Erzieher in Jugendheimen Dienst tun. Man braucht nicht lange nachzudenken, welches Land und welcher Ministerpräsident das war.

Junge Menschen dürfen aber nicht diskriminiert werden, genausowenig wie alte, wenn sie von einem Grundrecht Gebrauch machen. Und mehr noch: Eine demokratische Gesellschaft, in der es Vielfalt der religiösen Bekenntnisse, Vielfalt der Weltanschauungen, Vielfalt der Interessen gibt, eine solche Gesellschaft kann ohne Toleranz, ohne die Achtung der Würde des anderen Menschen nicht existieren. Diese Einsicht hat sich in den älteren westlichen Demokratien schon früher durchgesetzt. In Deutschland ist die ganze konstitutive Bedeutung der Toleranz für eine menschenwürdige Gesellschaft erst nach den Perversionen des Dritten Reiches voll erkannt worden. Noch immer ist aber bei uns das Toleranzgebot nicht so gefestigt, wie man es sich für eine stabil funktionierende demokratische Gesellschaft wünschen möchte.

Dies gilt übrigens auch für einige Erscheinungen auf seiten der Jugend, für die jugendliche Protestwelle, die wir nicht nur in unserem Land, sondern in Großstädten vieler Länder Europas erleben.

Die dem Protest zugrunde liegenden Ursachen sind vielfältig, die Motive meist verdeckt, oftmals sogar unbewußt. Vielen Jugendlichen, die in einer Zeit der wirtschaftlichen Blüte und materiellen Sorglosigkeit aufgewachsen sind, erscheint heute ihre persönliche Zukunft etwas düster und ihr materieller Wohlstand für die Zukunft ungesichert, obwohl sie ja andererseits gerade das Wohlstandsdenken in Frage stellen wollen. In den Hausbesetzungen zeigen sich sowohl reale Notlagen als auch symbolischer Protest gegen Bürokratie, gegen Ungerechtigkeit, gegen als inhuman empfundene Stadtplanung, Protest gegen Obrigkeit, Protest gegen Staat schlechthin. Dabei spielt sicher die Enttäuschung über die Fehlbarkeit einer angeblich demokratisch vollkommenen Staatseinrichtung eine Rolle. Und in den Protesten gegen Kernenergie mischen sich die Urängste, die Lebensängste vieler Menschen mit Aggressionen kleiner Gruppen, die den Staat oder andere herausfordern wollen.

Wir dürfen und wollen Gewalt nicht tolerieren. Es wäre doch eine Selbsttäuschung zu meinen, daß die Stabilität unserer Gesellschaft langfristig gewahrt werden könnte, wenn man größere Gruppen von Jugendlichen in ein Außenseiterdasein abdrängt oder sie mit ihren Problemen alleine läßt. Auch Bürgergesinnung ist nichts auf Dauer Gegebenes, auch sie muß in jeder Generation neu erwachsen, neu erzogen, neu gefestigt werden. Die Kriminalisierung einer Minderheit, durch die Verschärfung des Demonstrationsstrafrechts, erscheint mir kein geeignetes Mittel, Bürgergesinnung zu erwecken.

Man muß nach den Ursachen fragen, wenn man solche Probleme angehen will. Wir Älteren müssen das Gespräch, das kontroverse Gespräch mit der Jugend suchen und ernst nehmen, ungeachtet ihrer manchmal provozieren wollenden und manchmal nur schwer zu verstehenden Äußerungen. Zu solchem Gespräch gehört auch Festigkeit. Wo ein Nein geboten ist, muß es auch ausgesprochen werden, und wo ein Ja geboten ist, muß dies genauso offen zugegeben werden. Ich will es einmal zuspitzen: Ein Teil der aggressiven Jugend krankt in Wirklichkeit an einem Mangel an Zivilcourage auf seiten der Erwachsenen. Man sollte doch um Gottes willen als Erwachsener eigene Feigheit nicht als Toleranz camouflieren.

Toleranz ist eben nicht bloßes Gewährenlassen oder Vernachlässigen, Toleranz ist vielmehr Achtung und Geltenlassen der begründeten Werte, der begründeten Haltungen anderer, soweit diese anderen das Recht achten. Toleranz – ich wiederhole es – ist ein konstitutives Prinzip für eine menschenwürdige demokratische Gesellschaft. Aber man darf sie nicht überschätzen. Denn Toleranz kann friedliche Konfliktregelungen, Mehrheitsentscheidungen, Kompromiß und Schiedsspruch nicht ersetzen.

Bei Kant spielt der Staat die Rolle einer Konfliktregelungsinstanz, die die gesellschaftlichen Gegensätze kraft staatlicher Verfahrensregelungen disziplinieren, in Bahnen lenken sollte. Der Staat sollte die Auseinandersetzungen in eine produktive Funktion für die gesamte Gesellschaft lenken.

In meinem Verständnis des Staates wäre das heute einerseits viel zu einfach, und andererseits würde der Staat damit nicht nur optimistisch überschätzt und überfordert, ihm würde damit auch gefährlich viel Macht gegeben. Der Staat darf bestimmte Konflikte eben nicht von sich aus regeln wollen, ob Lohn- oder Tarifkonflikte, ob – auf einer anderen Ebene – religiöse Auseinandersetzungen, sei es in der Literatur oder in den schönen Künsten. In anderen Bereichen dagegen kann ich mich an Kant anlehnen, darin etwa, daß der Staat den äußeren Frieden sichern und die Rahmenbedingungen schaffen und aufrechterhalten muß, in denen die Bürger selbstverantwortlich denken und handeln können.

Ausdrücklich möchte ich Kant zustimmen, wenn er einen unmißverständlichen Vorbehalt macht gegen staatliches Hineinregieren in die ideologischen, in die geistigen Grundlagen der Lebensgestaltung seiner Bürger. Es widerspräche dem Kantschen Prinzip des „Selbstdenkens", wenn der Staat zum Vordenker würde. Dem folgt nämlich möglicherweise das Bevormunden auf dem Fuße.

Peter Glotz hat unlängst geschrieben, daß vielen in unserer Gesellschaft – und er meinte insbesondere die Jüngeren – die Suche nach einem eigenen Lebensweg zu anstrengend geworden sei. Ich fand das einleuchtend; ich möchte jedoch davor warnen, sich die anstrengende Suche nach der eigenen Identität von der Regierung abnehmen zu lassen oder zu erwarten, die Regierung solle anderen das abnehmen. Dabei besteht die doppelte Gefahr, daß dem Bürger nicht nur die Suche abgenommen wird, sondern auch seine eigene Identität gar nicht gefunden und ihm gegeben werden kann.

Das bedeutet nicht, daß sich ein Bundeskanzler, ein Politiker oder eine Regierung in geistigen Auseinandersetzungen abstinent verhalten müssen. Allerdings entspricht es nicht dem Naturell eines Hamburgers, seine grundsätzlichen Diskussionsbeiträge pathetisch unter den Begriff „geistige Führung" zu bringen und zu verkünden.

Manchem sind meine Beiträge zur Grundwertdebatte noch in Erinnerung, die ich nicht aufgreifen will; aber ich möchte doch in Abgrenzung zu Kant einige Anmerkungen dazu machen.

Ich habe bereits bemerkt, daß in Kants Grundwertekonzeption der Begriff „Gerechtigkeit" nur formale Rechtsgleichheit bedeutet, nicht soziale Gleichheit der Chancen. Eine noch stärkere Einschränkung erfährt bei ihm das Gebot der Solidarität. Es ist bei ihm zwar von moralischer, nicht aber von politischer Verbindlichkeit. Der Staat soll sich aus der Sozialpolitik heraushalten, bis auf wenige Ausnahmen: ausdrücklich genannt wird die Finanzierung von Waisen- und Findelhäusern. Bis auf diese Ausnahmen soll der Staat sozialpolitisch nicht tätig werden. Um es etwas salopp zu sagen: Kant ist eben ein Liberaler und kein Sozialliberaler. Seine Position ist völlig verständlich aus der Frontstellung gegenüber dem spätabsolutistischen Paternalismus des Staates, der sich auf die „wohlverstandenen Interessen" der Untertanen berief, um seine massiven Eingriffe in die individuellen Freiheitsrechte zu rechtfertigen.

Kant hat wohl auch – wie viele Liberale heute noch – die Chancen der Schwachen und der Schutzlosen überschätzt, aus eigener Kraft materiell und geistig selbständige Bürger zu sein. In diesem Punkt haben die Denker des Sozialismus und der Arbeiterbewegung das Kantsche Verständnis von Solidarität weit überholt und erweitert. Für den Königsberger lagen die Probleme des Proletariats noch in der Ferne.

Für den heutigen Sozialdemokraten ist klar: Eine auf den Bereich staatlicher Entscheidungen beschränkte Demokratie muß an ihrer Halbheit kranken, weil sie Bereiche ausklammert, die für den einzelnen wie für die Mehrheit der Gesellschaft von zentraler Bedeutung sind, vor allem die Bereiche des Berufs und der Wirtschaft. Wir sagen: Die politische Demokratie soll durch die soziale Demokratie vervollständigt werden, weil nur so in einer modernen Industriegesellschaft auf die Dauer Gerechtigkeit bestehen und der soziale Friede gewahrt bleiben kann.

Deshalb hat die Sozialdemokratie es immer als Aufgabe des Staates angesehen, die Voraussetzungen für reale Freiheit der Person, für reale Chancengleichheit der einzelnen oder des einzelnen zu schaffen. Und in der praktischen Verwirklichung dessen sind wir in der Tat inzwischen meilenweit über Kant, über Marx, Lassalle, Bebel, Bismarck und Beveridge, über Adenauer hinaus fortgeschritten. Wir haben ein in seiner Reagibilität und in seiner Leistungsfähigkeit hochdifferenziertes Netzwerk sozialer Sicherheit geschaffen. Seiner Empfindlichkeit wegen muß man gerade in schwieriger Situation sorgfältig und vorsichtig damit umgehen. Man muß auch ständig Fehlentwicklungen korrigieren und Mißbräuche verhindern oder ihnen vorbeugen.

Vielleicht darf ich hier eine sehr politische Anmerkung machen. Dieses soziale Sicherungsnetz einerseits und andererseits die deutschen Einheitsgewerkschaften, die ein Beispiel nur noch in Skandinavien und Österreich finden, die Betriebsräte, Betriebsverfassung und Mitbestimmung sind in unserer Gesellschaft wesentliche Grundlage des sozialen Friedens. Darauf ist die enorme soziale und politische Stabilität der Bundesrepublik Deutschland in den letzten dreißig Jahren in höherem Maße zurückzuführen als auf alles andere. Natürlich soll man dies alles heute unter dem Dach des über zweihundert Jahre alten kategorischen Imperativs sehen – aber damals, vor zweihundert Jahren, hat das keiner vorausgesehen. Es war damals auch nicht so gemeint: Auch geschichtlich ist unsere soziale Stabilität nicht aus der Kantschen Ethik oder auf ihrem Boden entwickelt worden.

Ich möchte hier überhaupt all jenen das Spiel verderben, die das, was ich zu sagen habe, mißverstehen wollen, als ob ich die Kantschen Formprinzipien der Ethik als alleinverbindlich hinstellen wollte. Wer dies wollte, hätte den Kantschen Impetus der Aufklärung in einer mißverstandenen Weise aufgenommen, die selber dringend der Aufklärung bedürfte.

Das Grundgesetz enthält Normen – Grundrechte und Verfassungsprinzipien – einer materialen Wertethik. Sie sind nicht vollständig, sie sind auch nicht bezogen auf ein voll durchgestaltetes, ganz eindeutig klares Menschenbild – das wäre in einer freiheitlichen Gesellschaft auch gar nicht denkbar. Aber diese Grundrechte und diese Verfassungsprinzipien sind sehr wohl fundamentalen Erkenntnissen über die Natur des Menschen entsprungen, und sie versuchen, guten wie bösen geschichtlichen Erfahrungen gerecht zu werden, die Deutsche mit sich selber gemacht haben, die Menschen mit Menschen gemacht haben.

Zu diesen Grundrechten unserer Verfassung, wie übrigens auch – so steht es im Godesberger Programm der SPD – zu den Grundwerten der Sozialdemokratie haben

Menschen Zugang, die ihre Sollens-Normen, sei es formaler, sei es materialer Art, aus unterschiedlichen weltanschaulichen, philosophischen und religiösen Bindungen und Quellen schöpfen. Was allerdings Kant so modern macht, ist, daß er Denkweisen und Maximen bereitstellt, die weltanschaulich unterschiedlich geprägte Menschen zu einem Prozeß der Verständigung über gemeinsames politisches Handeln zu sittlichen Zwecken befähigen können.

Am Anfang habe ich auf Kants Schrift „Zum ewigen Frieden" hingewiesen, und ich möchte am Schluß diesen Hinweis noch vertiefen.

Die Erhaltung des Friedens ist für Kant nicht allein ein Gebot der Gerechtigkeit, sondern sie ist für ihn eine moralische Pflicht schlechthin. Dabei schätzt er das Andauern von Konflikten zwischen den Staaten durchaus realistisch ein. Friedenspolitik besteht für ihn also nicht in einer Beteuerung des bloßen Friedenswillens und schon gar nicht in der Hoffnung auf ein Zeitalter der internationalen Verbrüderung. Er plädiert vielmehr für eine aktive Politik kontinuierlicher, wechselseitiger Annäherung der Staaten untereinander. Er plädiert für einen kontrollierten Umgang mit den Konflikten zwischen den Staaten und für eine beständige Arbeit an ihrer Regelung im allseitigen Interesse.

Ich habe mich in den Debatten über die Friedenspolitik im letzten Jahr häufig auf Kant berufen. Denn er spricht davon, der Friedenszustand unter den Menschen sei kein Naturzustand; er müsse vielmehr „gestiftet" werden.

Übrigens hat er auch den Gedanken eines Gleichgewichts unter den Staaten vorgestellt: Die Menschen seien genötigt, „ein Gesetz des Gleichgewichts" unter den Staaten herauszufinden. Das Gleichgewicht soll dazu beitragen, zwischen den voneinander unabhängigen Staaten „einen weltbürgerlichen Zustand der öffentlichen Staatssicherheit“ herbeizuführen.

In den Naturwissenschaften ist der Zustand des Gleichgewichts meistens meßbar. In der Psychologie, in der Ethik, in der Politik und in der militärischen Strategie ist Gleichgewicht ein zum Teil unerläßlicher Hilfsbegriff, aber er kann oftmals nicht genau definiert oder gemessen werden.

Was im Jahre 1949, als das Nordatlantische Bündnis begründet wurde, notwendig war, um zwischen Ost und West ein Gleichgewicht zu haben; was 1962 zur Zeit der Kuba-Krise notwendig war, um das Gleichgewicht zwischen West und Ost zu erhalten; was in den achtziger Jahren notwendig ist, um das militärische Gleichgewicht zu wahren – auf diese höchst bedrängenden und wichtigen Fragen können uns Philosophie und Moral keine eindeutigen Maßstäbe liefern. Wir sind vielmehr zurückgeworfen auf die abwägende Vernunft.

Hier muß ich ein weiteres Mal sagen: Selbst bei übereinstimmender Information – und die ist in politischen wie in strategisch-militärischen Fragen recht schwierig zu verwirklichen – kann man in der Abwägung zu sehr verschiedenen Ergebnissen und zu sehr verschiedenen politischen Konsequenzen kommen. Und dennoch können diese verschiedenen Denkergebnisse und politischen Konsequenzen je für sich durchaus moralisch begründet sein. Es ist im konkreten Fall eben nicht einfach, es ist vielmehr ungeheuer kompliziert zu bestimmen, wie zum Beispiel ein Gleichgewicht zwischen der Sowjetunion und den Vereinigten Staaten von Amerika aussehen soll.

Ich möchte die beiden Elemente nennen, die heute die deutsche Politik für ein sicherheitspolitisches Gleichgewicht bestimmen. Das eine Element ist: Die Bundesrepublik Deutschland gehört zum Westen; nur unsere Zugehörigkeit zum westlichen Bündnis kann das Gleichgewicht in Europa erhalten. Hier liegt der Kern unserer Sicherheit. Wir können nicht neutral sein. Zum anderen: Wir brauchen allerdings ein ungefähr gleiches Gewicht der militärischen Kräfte von West und Ost. Nur dann gibt es für alle Beteiligten gleiche Sicherheit. Nur auf diese Grundlage kann der Friede gesichert werden.

Ein ungefähr gleiches Gewicht militärischer Kräfte darf nicht allein durch beiderseitige Rüstung hergestellt werden. Denn dies wäre ein labiles System, das zu einem verhängnisvollen Rüstungswettlauf tendiert. Mehr Sicherheit liegt darin, das Gleichgewicht militärischer Kräfte auf dem Wege vertraglich vereinbarter Rüstungsbegrenzung zu stabilisieren. Wenn die Menschheit sich nicht zu Tode rüsten soll, dann gibt es nur diesen Weg.

Deshalb mußte zum Beispiel der Beschluß der NATO über die westliche Nachrüstung bei euro-strategischen Waffen ein Doppelbeschluß sein: nicht nur durch eigenes westliches Rüstungshandeln – amerikanisches Rüstungshandeln, genauer gesagt – den Vorsprung der anderen aufholen, sondern gleichzeitig der Sowjetunion das Angebot machen, über gleichgewichtige Beschränkungen dieser Waffen zu verhandeln und einen entsprechenden Vertrag miteinander zu schließen.

Allerdings kann sich Friedenspolitik nicht auf die Erhaltung des sicherheitspolitischen Gleichgewichts beschränken. Gleichgewicht ist eine notwendige Bedingung für den Frieden, aber keine hinreichende Bedingung. Es muß die Friedensgesinnung hinzukommen, der Wille zur Mäßigung dem anderen gegenüber, der Wille, aufeinander zuzugehen, der Wille, miteinander zu reden und dabei auch zuzuhören, wenn der andere spricht. Hinzukommen muß der Wille, die Interessen des anderen zu verstehen, darüber hinaus seine Interessen zu respektieren, es müssen der Wille und die Fähigkeit zum Kompromiß hinzukommen, es muß hinzukommen der Wille zur Kooperation.

Wir Deutschen können nicht verhindern, daß sich die Beziehungen zwischen Ost und West zuweilen abkühlen. Aber gerade wir müssen dann darauf achten, uns nicht durch Fixation auf Feindbilder um die politische Vernunft bringen zu lassen. Gerade in Zeiten, in denen sich die Gegensätze und Konflikte verhärten, kommt es darauf an, das Gespräch mit der anderen Seite aufrechtzuerhalten.

Diese Anerkennung der Selbständigkeit des anderen, seines Bedürfnisses nach Sicherheit, seiner Interessen schließt Einmischung in seine inneren Angelegenheiten aus. Das sagt der fünfte Präliminarartikel in Kants Schrift „Zum ewigen Frieden" mit den Worten: „Kein Staat soll sich in die Verfassung und Regierung eines anderen Staates gewalttätig einmischen." Dieser Gedanke, den Kant übrigens gewiß nicht als erster entwickelt hatte, findet sich heute als selbstverständlicher und wichtiger Bestandteil im Völkerrecht, in der UNO-Charta und auch in der Schlußerklärung zur KSZE von Helsinki.

Ebenso wichtig ist bei Kant im Interesse des Friedens ein kontinuierlicher Prozeß wirtschaftlicher Verflechtung (erster Zusatz zur Schrift „Zum ewigen Frieden"). Wirtschaftliche Verflechtung im Interesse des Friedens war auch das Motiv der sozialliberalen Koalition für die bedachtsame Entwicklung des Handelns mit der Sowjetunion und mit dem europäischen Osten überhaupt.

Zum Schluß: Wesentliche Grundlage für jede Zusammenarbeit zwischen Staaten, aber auch zum Beispiel für Verträge über Rüstungsbegrenzung und Abrüstung ist ein gegenseitiges Vertrauen, und Verträge lassen dann das Vertrauen zusätzlich wachsen. Ich muß keine Beispiele dafür geben, wie sehr das Vertrauen zwischen den Staaten und Völkern behindert und beeinträchtigt ist. Gerade wir Deutschen, in deren Namen in diesem Jahrhundert Vertrauen zwischen den Völkern auf schreckliche Weise zerstört wurde, haben es nötig, immer wieder aufs neue für die Bildung von Vertrauen politisch zu arbeiten.

Man muß dabei wissen, daß Voreingenommenheit und Ressentiments in der Auseinandersetzung zwischen Ost und West nicht nur auf einer Seite herrschen – und Angst gibt es dort wie hier.

Internationale Absprachen, die Vertrauen bilden, können ein Klima schaffen, in dem Ängste abgebaut, in dem differenzierte Bilder der jeweils anderen Seite möglich werden. Vertrauensbildung heißt auch, die Vielschichtigkeit der Motive der Gegenseite zu sehen, sich nicht nur in die äußere Lage der Gegenseite, sondern auch in ihre innere Situation einfühlen und die Loyalität der anderen Seite ernst nehmen.

Der große Preuße Immanuel Kant hat uns heutigen Politikern zugleich Zeitbedingtes und zugleich durchaus Gültiges vorgedacht und hinterlassen. Allerdings nicht gerade griffbereite politische Handlungsanweisungen. Die Fachphilosophen werden vielleicht ein bißchen darüber irritiert sein, daß ich über vieles von dem, was sie für das eigentlich Wichtige bei Kant halten, gar nichts gesagt habe.

Mir war wichtig, den kategorischen Imperativ mit dem handelnden Politiker in Beziehung zu setzen.

Er hat die Pflicht, vorauszudenken und alle Folgen kritisch zu bedenken.

Er hat die Pflicht, alle Interessen kritisch abzuwägen.

Er hat die Pflicht, die Moralität nicht nur der Ziele, sondern auch der Mittel im Auge zu haben.

Er muß in der Demokratie den ungeheuren Aufwand auf sich nehmen, anderen seine Gründe transparent zu machen und sie zu überzeugen, weil er Mehrheiten braucht.

Er muß die erstrebten und die unerwünschten Folgen seines Handelns gleichermaßen verantworten.

Er muß alles tun im Bewußtsein nicht nur seiner Fehlbarkeit, sondern der Fehlbarkeit demokratischer Entscheidungen schlechthin.

Ihm obliegt infolgedessen die Pflicht, jeden einzelnen Schritt auf einem langen Weg mit Augenmaß richtig zu bemessen.

Diese Maximen politischen Handelns sind nicht vollständig. Für diese Maximen war mir Kant wichtig; aber auch die zuvor erwähnten Karl Marx, Max Weber und der vielleicht von den meisten nicht so ernst genommene Marc Aurel, der mich insbesondere in der Selbsterziehung zu Pflichtbewußtsein und Gelassenheit beeindruckt hat. Aber ich muß hinzufügen, daß mich die Gedanken des Naturrechts, die Gedanken der amerikanischen Revolution – übrigens stärker als die der französischen –, daß mich Lassalle, Bebel und Bernstein und daß mich vor allem das Desaster der Hitler-Zeit in meinem Demokratie- und Staatsverständnis mindestens ebenso geprägt haben, wie Kant es hat.

# Plädoyer für einen fernsehfreien Tag

Kommunikation ist in unserer Gesellschaft schwieriger geworden

*Beitrag in „Die Zeit" vom 26. Mai 1978*

Im Januar habe ich am Ende einer Regierungserklärung vor dem Deutschen Bundestag davon gesprochen, unserer Gesellschaft fehle Fröhlichkeit und eine gelassene Zuversicht gegenüber vielen Problemen, mit denen wir uns auseinandersetzen müssen.

Ich bin damals von einigen mißverstanden worden. Die Opposition hat mir vorgeworfen, ich wolle mit einem Appell zu oberflächlicher Munterkeit die Probleme in unserem Land vergessen machen. Das ging an der Sache vorbei.

Es ist eigenartig: Man erwartet zu Recht vom Bundeskanzler, sich in der Wirtschafts-, Finanz- oder Sicherheits- und Außenpolitik auszukennen. Zu Fragen des zwischenmenschlichen Klimas aber, dazu, wie die Menschen miteinander umgehen, ob sie sich verstehen, kurz: wie es um ihre Kommunikation steht, erwartet man von ihm allenfalls einen unverbindlichen Satz in der Neujahrsansprache. Darüber hinaus sei er nicht zuständig.

Dies verkennt: Gerade eine Demokratie ist darauf angewiesen, daß ihre Bürger nicht nebeneinanderherleben, sondern ihr Leben gemeinsam, miteinander, gestalten. Deswegen sind die Verhaltensweisen unserer Mitbürger, ihre Einstellungen und Gefühle zu sich und anderen von hoher Bedeutung für die Politik.

In der letzten Zeit habe ich über die Distanz nachgedacht, mit der sich heute einzelne und Gruppen in der

Bundesrepublik gegenüberstehen. Bei mir wie bei vielen anderen verstärkt sich der Eindruck, die Menschen in unserem Land reden heute nicht genug miteinander, sie tun nicht oft genug etwas miteinander, sie gehen vielleicht auch nicht so selbstverständlich in gegenseitigem Respekt miteinander um, wie wir alle das uns eigentlich wünschen.

Ich bin kein Freund der häufig zu hörenden kulturpessimistischen Floskel, „früher sei alles besser gewesen". Aber der Eindruck eines Mangels an Miteinander bleibt doch bestehen. Untersuchungen zeigen: Viele Bürger empfinden ein „Defizit an Kommunikation".

Für diesen Mangel gibt es viele Beispiele: in den Familien – die Mitarbeiter einer Familienberatungsstelle könnten darüber Bände schreiben; oder überhaupt zwischen den Generationen – viele von uns haben entsprechende Erfahrungen mit den eigenen Kindern oder Eltern gemacht; oder zwischen Lehrern und Schülern.

Auch zwischen Politikern und Bürgern ist die Verständigung oft nicht so, wie sie sein könnte – die Aktivitäten der Bürgerinitiativen jenseits der bestehenden politischen Parteien sind zum Teil aus diesem Defizit entstanden.

## Das Fernsehen tritt an die Stelle einer unmittelbaren Kommunikation

Dabei ist etwas schwer zu begreifen: Diesem Mangel an Kommunikation unter den Menschen steht ein ungemein gewachsenes Angebot an Kommunikationsmitteln gegenüber. Bücher und Zeitschriften sind in einer früher unvorstellbaren Fülle auf dem Markt. Rundfunk und Fernsehen gibt es bei uns nahezu in jedem Haushalt.

Mein Eindruck ist, übertriebener Fernsehkonsum drängt vielfach den unmittelbaren Umgang der Menschen miteinander zurück. Wir alle haben selbst miterlebt, wie sehr dieses Medium unser Leben verändert hat – das politische Leben, das Leben jedes einzelnen, das Leben von Familien.

Der Anteil der Mediennutzung an der Gesamtfreizeit hat bei uns in den letzten zehn bis fünfzehn Jahren stark zugenommen: Er stieg von 34 Prozent unserer Freizeit im Jahr 1964 auf 40,4 Prozent im Jahr 1974. dabei stellt das Fernsehen mit 78,6 Prozent den größten relativen Zugewinn gegenüber den anderen Medien (Hörfunk 26,9 Prozent) und Tageszeitung (8,9 Prozent). 73 Prozent der Bundesbürger schalten ihr Fernsehgerät an jedem Werktag ein, am Wochenende sind es 80 Prozent. Die tägliche Sehdauer liegt dabei werktags über zwei Stunden, an einem Wochenendtag sogar über drei Stunden. Die heute Zwanzigjährigen (und die noch jüngeren Jahrgänge) sind die erste Generation, die unter dem vollen Einfluß dieses Fernsehkonsums aufwächst.

In den USA wird dieses Medium noch stärker genutzt als bei uns. Es bietet sich von morgens früh bis in den frühen Morgen an. Was technisch möglich ist – und sich offenbar finanziell trägt –, wird dabei auch als sozial richtig betrachtet. Bei uns gibt es da bisher einen kleinen Vorbehalt. Die Sendungen laufen in der Regel nicht bis tief in die Nacht und in den grauen Morgen; sonst könnte es ja passieren, daß einzelne am nächsten Morgen müde zur Arbeit kommen. Aber kann das der einzige Gesichtspunkt sein? Fragen wir uns genügend, was ständiges Fernsehen auf das Miteinanderredenkönnen oder -wollen hat? Auf die Kommunikation im positiven wie negativen Sinn?

In vielen Familien wird inzwischen über diese Fragen diskutiert. Fachtagungen von Verbänden, Kirchen, Parteien und Gewerkschaften befassen sich damit. Die Intendanten und die Mitarbeiter von ARD und ZDF setzen sich mit diesem Problem auseinander, was ich sehr gut finde. Und mancherorts werden schon Konsequenzen gezogen: Es gibt Familien, in denen der Knopf zum Ein- und Ausschalten bewußt benutzt wird. Dort wird selektiv ferngesehen. Aber das löst das Problem der Behinderung des Miteinanderredens nicht oder kaum. Denn vielfach werden Vater, Mutter, Sohn und Tochter sehr verschiedene Sendungen sehen wollen, so daß gerade die Programmwahl zum Streit und zum Auseinanderfallen führen kann.

## Ein fernsehfreier Tag pro Woche?

Das Fernsehen ist ein sehr attraktives und bestimmendes Medium. Das Gerät steht im Wohnzimmer, und es genügt ein Knopfdruck, um es einzuschalten. Es ist schwer, sich dieser Anziehungskraft zu entziehen und einen Schritt zu anderen Formen der Kommunikation zu machen. Gerade deswegen meine ich, jeder einzelne, jede Familie sollte sich bewußt die Chance geben, zu erproben, zu erfahren, zu lernen, was alles man an einem Tag ohne Fernsehen machen könnte – notfalls zu erfahren, daß man nicht mehr miteinander reden kann.

Da so etwas erprobt werden muß und da dazu in Familien Regeln gehören, auf die man sich einigt, schlage ich ein Experiment vor: einmal einen bestimmten Tag in der Woche freiwillig den Fernseher auszulassen. Dies ist ein Vorschlag zum Experiment, bei dem es mir – und ich spreche hier nicht im Namen der Bundesregierung – vor allem darauf ankommt, eine fällige Diskussion in Gang zu setzen.

Im letzten Jahr hat die FAZ in einer Satire angekündigt, ARD und ZDF wollten das Weihnachtsprogramm ausfallen lassen. Dies hat einen Sturm der Entrüstung ausgelöst – ich fand die Satire sehr gut. Aber es ist natürlich absurd, ernsthaft anzunehmen, irgend jemand bei uns könne oder wolle die Ausstrahlung des Fernsehprogramms abstellen. Bei meinem Vorschlag geht es darum, daß jeder für sich überlegt und entscheidet, ob er wirklich pausenlos das Programm ansehen will.

Zunächst wird das für viele Fernsehzuschauer schwierig sein. Aber ich denke mir, man wird sehr bald auch positive Erfahrungen machen: mit mehr Gespräch, mit mehr Kreativität, mit mehr Umgang mit den eigenen Kindern, mit Freunden und Nachbarn. Viele können es sich wahrscheinlich gar nicht so recht vorstellen, daß das keine Einschränkung, sondern eine Bereicherung werden kann. Sie werden feststellen, daß es Sachen gibt, die noch mehr Spaß machen als Fernsehen. So wie übrigens an den autofreien Sonntagen im November 1973 viele erlebt haben, daß es Dinge gibt, die noch mehr Spaß machen als Autofahren. Wir müssen insgesamt mehr Souveränität im Umgang mit der modernen Technik erlernen – sowohl der einzelne als auch die Gesamtgesellschaft.

Daß sich eine Bewegung gegen zuviel Fernsehen zusammenfindet, ist so unwahrscheinlich nicht. Es gibt Beispiele für solche Gegenbewegungen: Auf eine ziemlich bewegungsarme Gesellschaft folgte in den letzten Jahren eine Welle sportlicher und körperlicher Betätigung.

## Das Fernsehen bleibt für uns unverzichtbar

Damit kein Mißverständnis entsteht: Ich bin kein Fernsehfeind, und es käme mir nicht in den Sinn, das Fernsehen allgemein schlechtzumachen. Im Gegenteil, ich bin ein Freund des Fernsehens. Nebenbei, wie sollte ich es nicht sein, da ich diesem Medium in meinem politischen Wirken viel verdanke.

Das Fernsehen hat eine wichtige Aufgabe in unserer Gesellschaft: für jeden eine Verbindung herzustellen zu dem, was in unserem Land und in der Welt gedacht gesagt und getan wird. Diese Form der Kommunikation ist ohne das Fernsehgerät nicht mehr zu denken. Das zu leugnen, wäre Maschinenstürmerei des 20. Jahrhunderts.

Das Fernsehen trägt dazu bei, elementare Bedürfnisse des Menschen in der modernen Welt zu befriedigen: Bedürfnisse nach Bildung, Information, Unterhaltung und Entspannung. Es gibt kein anderes Medium, das uns das Geschehen in allen Teilen der Welt so hautnah und interessant vermitteln kann.

Für viele von uns bietet das Fernsehen eine Chance des Zuschauens, des Abschaltenkönnens, des Nicht-mehr-anstrengen-Müssens. Das ist ein berechtigtes Bedürfnis, und ich will niemandem dafür andere Aktivitäten aufdrängen. Oft macht das Fernsehen ungeheuer viel Spaß.

Das Fernsehen hat Politik und Kultur popularisiert und demokratisiert. Es macht die Zuschauer nachdenklicher gegenüber der Selbstdarstellung von Politikern, die sich oft genug vor der Kamera ja auch selbst entlarven.

In den letzten Jahren ist das Fernsehen auch zu einer wichtigen Bildungseinrichtung geworden. Bildungsminister Schmude hat zu Recht auf die Rolle hingewiesen, die Fernsehprogramme bei der Vermittlung politischer Bildung spielen: in dieser Hinsicht sei das Fernsehen die „größte Gesamtschule der Nation". Die Vorschulprogramme haben für viele Kinder eine Aufgabe, die sonst niemand erfüllen könnte, und ich möchte die positiven

Erfahrungen mit solchen Sendungen, über die Pädagogen berichten, nicht anzweifeln.

Für viele Alleinstehende, Kranke und Einsame stellt das Fernsehen eine wichtige und häufig die einzige Verbindung zur Außenwelt dar. Die Zeit, die unsere älteren Mitbürger täglich vor dem Fernsehgerät verbringen, liegt wesentlich über der Sehdauer des Durchschnittsbürgers. Gerade sie sollten sich von meinem Vorschlag keineswegs betroffen fühlen, obwohl ihnen zu wünschen wäre, daß sie häufiger einen persönlicheren Kontakt zur Außenwelt erhalten als über die Fernsehantenne.

## Gefahren übertriebenen Fernsehkonsums

Obwohl also das Fernsehen offensichtlich gute Seiten hat, haben erstaunlich viele Menschen ein schlechtes Gewissen, zu viel fernzusehen. Bei von mir veranlaßten Untersuchungen fand sich kaum jemand, bei dem derartiges nicht spürbar war; allerdings mit Ausnahme der älteren Mitbürger, die wegen ihrer besonderen Lebenssituation stärker auf das Fernsehen angewiesen sind.

Wie kommt es zu diesem schlechten Gewissen? Ich vermute, unbewußt spüren die meisten die Problematik des Mediums Fernsehen. Das wird auch in der Fachdiskussion bestätigt, zu der erfreulicherweise gerade die Fernsehanstalten viel beigetragen haben. Wie ein roter Faden zieht sich eine kritische Distanz gegenüber der Wirkung des eigenen Mediums durch die Äußerungen von Intendanten und Medienfachleuten.

Drei Problembereiche, die ich wegen des Gesamtzusammenhangs der Kommunikationsproblematik für besonders wichtig halte, möchte ich hier aufnehmen und näher erläutern:

*a) Die Ersatzfunktion des Fernsehens*

Bei vielen Menschen ersetzt das Fernsehen eine offensichtlich schon vorher gestört gewesene Kommunikation. Es ersetzt die nicht vorhandene Möglichkeit, in vielen Bereichen selbst sinnliche Erfahrungen zu machen. Ich will Ihnen ein Beispiel aus einem Intensiv-Interview geben: Ein Fernsehzuschauer erzählte, am liebsten sehe er eine Sendung, in der Bastelarbeiten mit der Absicht vorgeführt werden, die Zuschauer selbst zum Basteln anzuregen; er räumte aber ein, diese Anregungen selbst noch nie verwirklicht zu haben.

Die Erfahrungsbedürfnisse des Menschen werden durch das Fernsehen wohl oft nur zum Schein befriedigt. Das Fernsehen produziert die Illusion vom Dabeisein, vom Mitmachen, vom Mitentscheiden. Tatsächlich ist aber derjenige, der vor dem Fernsehgerät sitzt, in seiner Wahrnehmung mit sich allein. Die auf dem Bildschirm auftretenden Personen besetzen zwar die Phantasie des Zuschauers, er kann mit ihnen jedoch nicht in eine lebendige unmittelbare Beziehung treten, z.B. in ein Gespräch. Es entsteht eine Pseudogemeinschaft.

Es hat sich auch gezeigt, daß die Beziehungen der Familienmitglieder, die gemeinsam vor dem Fernsehschirm sitzen, unpersönlicher werden können. Die Verständigung erfolgt nicht mehr direkt, sondern gewissermaßen in einem Dreieck, an dessen Spitze das Fernsehgerät steht. Häufig erhält es schon einen festen Platz am Abendbrottisch. Wenn dabei wenigstens über die Sendung gesprochen würde!

Ein menschliches Hauptproblem des Fernsehens scheint mir darin zu liegen, daß es vielfach in eine Rolle gedrängt wird, die es gar nicht erfüllen kann: Es soll einen Partner ersetzen.

*b) Fernsehen und Kinder*

Über achtzig Prozent unserer Kinder sehen täglich fern, und zwar im Durchschnitt anderthalb Stunden. Jedes dritte Kind würde am liebsten den ganzen Tag fernsehen; jedes dritte Kind zieht das Fernsehen dem Draußenspielen vor. Die Sehbeteiligung der Acht- bis 13jährigen am Hauptabendprogramm liegt inzwischen über 30 Prozent.

Dabei sind die unerfreulichen Einflüsse des Fernsehens auf Kinder empirisch belegt. Sie sind gegen die Intensität, Sprunghaftigkeit und Oberflächlichkeit des Fernsehens noch weitgehend ungeschützt. Dem Fernsehen wird eine wesentliche Verstärkerrolle bei der auch von anderen Einflüssen her geförderten Entwicklung zur Zappeligkeit und Konzentrationsschwäche zugewiesen. Auch negative Folgen für die Entwicklung des kindlichen Sprachvermögens sind belegt. Insgesamt ist der Umfang von kindlichen Verhaltensstörungen heute größer, als er selbst in der Kriegszeit war!

Das Fernsehen bekommt in manchen Familien die Rolle des Babysitters. Viele Eltern reden nicht mehr genug mit ihren Kindern. Sie setzen sie vor das Fernsehgerät, von dem sich die Kinder selbst wegen der Faszination der bewegten Bilder nicht lösen können. Die Kinder sind mit dem, was sie sehen, oft ganz für sich allein gelassen. Das ist von Bedeutung, weil wir wissen, daß Kinder hochgradig für wirklich nehmen, was sie auf dem Bildschirm sehen.

Hinter die vom Intendanten des ZDF in einem Vortrag vor der Theodor-Heuss-Akademie geäußerten Ansicht, jetzt wachse eine Generation heran, die bereits Distanz zum Fernsehen habe, weil es für sie eine alltägliche Angelegenheit geworden sei, möchte ich einstweilen noch ein großes Fragezeichen setzen. Untersuchungen zeigen eher ein anderes Bild. Die Kinder, die jetzt heranwachsen, werden nicht, wie wir, in der Mitte des Lebens vom Bildschirm überfallen, sondern schon zu einem Zeitpunkt, in dem sie noch im Laufstall stehen. Sie werden abhängiger sein als wir, wenn ihnen nicht geholfen wird, die Welt der eigenen Erfahrung und des eigenen Erlebens miteinander aufzubauen.

*c) Fernsehen und Gewalt*

Ein besonderes Problem ist die Fülle von Gewaltdarstellungen im Fernsehen, die auch bereits zu Sendezeiten gezeigt werden, zu denen noch Kinder jeglichen Alters vor dem Apparat sitzen. Dieses heftig diskutierte Thema hat zwar unmittelbar mit dem der mangelnden Kommunikation nur wenig zu tun, es gehört aber in den weiteren Zusammenhang unserer Fragen nach der Wirkung des Fernsehens.

Die Frage nach der direkten Wirkung von Gewalt auf dem Fernsehschirm ist in der pädagogischen und psychologischen Forschung umstritten. Es mag sein, daß die Frage, ob eine Darstellung von Gewalt brutales Verhalten fördern kann, in dieser Form zu einfach gestellt ist. Die überzogene Katastrophen- und Gewaltdarstellung ist auch keinesfalls nur ein Problem des Fernsehens. Alle Medien, gerade bestimmte Formen der Tagespresse, sind in Gefahr, Gewaltsituationen zu übertreiben oder reißerisch darzustellen.

Trotzdem meine ich: Es gibt im Fernsehen Nachlässigkeiten gegenüber dem Gewaltproblem. Sie reichen von der Tagesschau bis tief in die Unterhaltungssendungen. Die häufige Vorspiegelung, Konflikte seien besonders einfach mit Gewalt zu lösen, muß eine verheerende Auswirkung auf die politische Struktur einer Demokratie haben. Demokratie muß Konflikte mit den ihr eigenen Möglichkeiten und Methoden lösen können.

Das Schwarz-Weiß-Schema von Gewaltlösungen darf nicht zu einem Vorbild für unsere Gesellschaft werden.

## Der fernsehfreie Tag

Ich will meine Anregung für einen fernsehfreien Tag noch etwas verdeutlichen. So stelle ich mir vor, man setzt sich innerhalb der Familie zusammen und handelt einen bestimmten Tag in der Woche aus. Das wäre schon eine große Chance für ein besseres Miteinander in den Familien.

Die soziale Bedeutung könnte noch größer werden, wenn man sich auch in einem weiteren Kreis, zum Beispiel mit Nachbarn und Freunden, auf einen gemeinsamen Tag einigt. Da weiß man eben, der andere ist ansprechbar, ein Besuch stört nicht, und man wird nicht gestört.

Es ist auch denkbar, daß ein solches Experiment unter den Mitgliedern von Vereinen, Gewerkschaften und politischen Parteien diskutiert wird und Interesse findet. Ich denke an diejenigen, die es heute schwer haben, in ihrem Vereinsleben mit den verlockenden Angeboten des Fernsehens zu konkurrieren. Ich denke an die Gewerkschaften und an die politischen Parteien, deren Arbeit sich häufig nach den Terminen des Fernsehprogramms richten muß. Ich denke an die Lehrer, die fast alle über müde und unkonzentrierte Kinder klagen; sie könnten vielleicht Nutzen ziehen aus einem Klassengespräch über bestimmte Fernsehsendungen, die man zu diesem Zwecke vorher angesehen hat. Ich denke an die Kirchen, die karitativen Verbände und an die Einrichtungen der Erwachsenenbildung. Sie alle hätten die Chance, Alternativen zur einseitigen Nutzung des Fernsehens vorzuschlagen. Sie können manchem unserer Mitbürger den Schritt zu einer neuen Erfahrung erleichtern.

Das Fernsehen selbst kann Anstöße geben für eine fernsehfreie Kommunikation. Das müßte in unserem bewährten System des öffentlich-rechtlichen Fernsehens eher leichter sein; denn es ist von der Jagd nach Einschaltquoten längst nicht so abhängig wie das private, kommerzielle Fernsehen. Dies ist auch ein wichtiger Grund dafür, daß ich ein Verfechter des öffentlich-rechtlichen Charakters von Rundfunk und Fernsehen bleibe. Einschaltquoten als Erfolgsmesser sind letztlich absurd.

Ich weiß, mein Vorschlag eines fernsehfreien Tages könnte mißverstanden werden. Man wird sagen, hier sollten die Möglichkeiten zur freien persönlichen Entscheidung eingeengt werden. Es wird heißen, ich wollte die Leute gängeln oder ich spräche ihnen die Mündigkeit ab. Solche Vorwürfe gehen am Kern der Sache vorbei. Niemandem soll die Freude am Fernsehen genommen werden. Jeder, der möchte, soll sich entspannen können.

Aber ich will dazu anregen, mit der modernen Technik souveräner umzugehen. Es geht um eine Verbesserung der unmittelbaren, zwischenmenschlichen Kommunikation. Es geht darum, mehr miteinander zu reden, mehr miteinander zu tun, überhaupt mehr miteinander zu leben. Es geht um eine vernünftige, mitmenschliche Alternative zum Dauerfernsehen.

Unsere Gemeinschaft, unser Land würde dabei gewinnen; wenn der Fernseher häufiger ausgeschaltet bliebe, wenn wir lebendiger miteinander umgingen. Manche wird dabei größere Freiheit und Selbständigkeit erlangen. Dazu möchte ich einen Anstoß geben.

Wir werden die großen und komplizierten Probleme des Miteinander nicht durch einen Knopfdruck – in diesem Fall auf den Knopf, der die Mattscheibe ausblendet –

lösen können. Es gibt keine simplen Rezepte. Aber es ist viel erreicht, wenn das bereits vorhandene Problembewußtsein der Bürger gegenüber dem Fernsehen angesprochen und damit eine intensive Diskussion ausgelöst wird.

Ich bitte darum, mich bei dieser Initiative zu unterstützen – auch durch Einwände und Gegenrede. Das Thema wäre eine Diskussion wert.

## Zweifeln und Hoffen

Was wir heute von der Kirche erwarten

*Rede zum 25. Geburtstag von St. Nicolai in Hamburg am 21. September 1987*

Fünfundzwanzig Jahre sind eine lange Zeit, die Hälfte unseres Lebens als erwachsene Menschen. Ich erinnere mich gut an die Einweihung dieser Kirche vor 25 Jahren. Damals durfte ich für den Senat der Stadt als dessen Mitglied zu Ihnen ein Grußwort sprechen und der Kirche drei Glocken überbringen. Ich habe beides gerne getan.

Heute – so muß ich Ihnen gestehen – fällt es mir schwerer, vor Ihnen abermals das Wort zu nehmen und über das zu reden, was ich heute von der Kirche erwarte. Zwar habe ich aus alter freundschaftlicher Verbundenheit Alt-Bischof Wölber auf seine Anfrage hin spontan zugesagt, zu diesem Thema zu sprechen; zwar bin ich heute als Privatperson sehr viel freier, meine sehr persönliche Meinung vorzutragen, als damals, wo ich offiziell für den Senat zu sprechen hatte. Aber eben hier liegt mein heutiges Dilemma. Denn ich bin mir meiner Meinung zur Kirche keineswegs mehr genau so sicher, wie damals vor einem Vierteljahrhundert.

Zwar bin ich immer noch – und immer noch aus fester Überzeugung – eines von vielen Millionen Mitgliedern unserer Kirche. Aber ich zweifle oft, ob alles rechtens ist, was in der Kirche geschieht, sei es in unserer lutherischen Kirche oder in den übrigen christlichen Kirchen, die alle gleicherweise auf dem Neuen Testament gegründet sind und die alle – ebenso wie die Juden – das Alte

Testament mit den fünf Büchern Mose voll einbeziehen, welche die Juden die Thora nennen.

Ich zweifle viel häufiger als damals, und ich frage mich oft selbst nach den Ursachen für meine Enttäuschung und meine Zweifel. Vielleicht liegen die Ursachen begründet in dem größeren Wissen oder der größeren Lebenserfahrung eines fast Siebzigjährigen. Vielleicht liegen sie aber zugleich begründet in Fehlentwicklungen innerhalb der Kirchen, der verschiedenen Konfessionen und der eigenen Kirche, deren Pfarrer sich zum einen ohne zureichenden Sachverstand in alle möglichen politischen Zweckmäßigkeitsentscheidungen einmischen und die zum anderen auf Dogmen und Lehrsätzen beharren, die wir nicht mehr nachvollziehen können. Ich will dies nicht entscheiden.

Ich frage mich heute auch stärker denn je, ob Synoden und Konzile eine Rechtfertigung dafür haben, trotz des ersten der Zehn Gebote, welches doch für alle Christen verbindlich im Alten Testament steht, uns und unsere Kinder sehr verschiedene Glaubensbekenntnisse zu lehren – und ob es denn eine Rechtfertigung dafür gibt, daß Synoden und Konzile die Christen auf der Welt durchaus verschiedene christliche Konfessionen lehren, trotz der Tatsache, daß sie alle gleichermaßen auf den vier Evangelien und auf den Briefen des Neuen Testaments beruhen. Ich zweifle heute stärker als damals, in der Mitte meines Lebens, ob denn meine eigene Kirche uns heutigen Menschen am Ende des zweiten Jahrtausends nach Jesus von Nazareth das gibt oder: das geben kann, wonach wir uns sehnen, nämlich Geborgenheit in Gott oder Geborgenheit im Glauben an Gottes Allmacht.

Ich möchte Ihnen heute abend vier kleine persönliche Geschichten erzählen, um mich verständlich zu machen. Die erste Geschichte ist ganz kurz, nur zwei Sätze lang: Als meine Frau und ich 1942 heirateten, hat meine Frau sich taufen lassen, damit wir kirchlich getraut werden konnten. Denn wir meinten, daß das Ende des Krieges fürchterlich sein würde – das ist auch tatsächlich eingetreten! – und andererseits, daß die christliche Kirche den Kern werde bilden müssen, von dem aus die Übriggebliebenen ein anständiges Leben neu aufbauen müßten – dies letztere ist nur teilweise eingetreten.

Die zweite Geschichte hatte schon wenige Jahre vorher begonnen, aber sie reicht bis in die heutige Gegenwart. Wir nahmen – wie wohl viele andere Deutsche damals auch – das Wort des Vaterunsers ganz und gar ernst, nämlich daß Gottes Wille geschieht „also auch auf Erden", daß sein „Reich und die Kraft und die Herrlichkeit" sein werde. Mit einem anderen Wort: Wie schrecklich auch immer Krieg und Nazizeit waren, wir glaubten uns Gottes Willen und Ratschluß unterworfen und fanden darin Trost.

Noch heute glaube ich, daß nichts auf der Welt geschehen kann gegen den Willen Gottes. Aber gleichzeitig haben wir von millionenfachem Mord gehört, von alljährlichen Kriegen – auch nach 1945 – auf der ganzen Welt, von Auschwitz, von Hiroshima, vom tausendfältigen Tod im Reisfeld – war dies alles, ist dies alles Gottes Wille? Und ich selbst, der ich gemeinsam mit Millionen deutscher Soldaten – von denen doch die allermeisten ebenso wie ich keine Nazis waren – gleichwohl glaubte, unsere vaterländische Pflicht erfüllen zu müssen, „untertan der Obrigkeit", wie es im Römerbrief des Paulus verlangt wird –, gemeinsam mit Millionen russischer Soldaten – von denen die allermeisten keine Kommunisten waren, die aber gleichwohl ihre patriotische Pflicht glaubten erfüllen zu müssen –, gemeinsam mit Millionen Soldaten aus fast der ganzen Welt, Millionen von

Christen wie ich selbst. Habe ich, haben wir alle Gottes Willen erfüllt, indem wir gegeneinander Krieg führten?

Ich habe keine eindeutige Antwort auf solche Fragen gefunden. Ich habe sie auch nicht gefunden, als ich sehr viel später als Politiker abermals mit der Gewalt konfrontiert war – zum Beispiel in der Gestalt der terroristischen Morde an Buback, Ponto, Schleyer und anderen – und konfrontiert war mit der Androhung von Gewalt – zum Beispiel in der Gestalt von sowjetischen SS 20-Nuklear-Raketen, die auf die Bundesrepublik gezielt sind. Zwar habe ich oft gedacht und gehofft: Mein Gott, laß mich das Richtige tun. Aber ich habe zugleich gewußt: Nur mit vernünftiger Abwägung und nur unter stärkster Anstrengung deines Gewissens darfst du handeln. Aber selbst im Falle des Erfolges – wie heute, wo die beiden Weltmächte im Begriffe stehen, unseren damaligen Vorschlägen folgend die Mittelstrecken-Raketen auf beiden Seiten vertraglich abzurüsten – und ebenso im Falle des Mißerfolges – wie damals, als wir zwar das Leben von 90 im Flugzeug als Geiseln entführten Menschen, nicht aber das Leben Hanns Martin Schleyers und des Piloten Schumann retten konnten – in beiden Fällen, sowohl im Erfolg wie im Mißerfolg, das wußte ich sehr deutlich schon im voraus, würden wir und würde ich mit Schuld beladen sein. Hätten wir also dieser vorhergesehenen Schuld wegen auf jegliches Handeln verzichten müssen? Hätte uns im Falle eines Verzichtes auf eigenes Handeln die Bergpredigt gerechtfertigt? Ich kann das nicht glauben. Ich kann auch nicht glauben, daß Stauffenberg und die anderen Attentäter gegen Hitler gesündigt haben, obgleich sie doch gegen das fünfte Gebot verstoßen wollten.

Tief im Grunde der Seele glauben kann ein Mensch offenbar nur das, was er entweder in Kindheit und Jugend naiv und quasi ursprünglich in sich aufgenommen hat und was ihm durch ein einmaliges, umwerfendes oder verletzendes Heilserlebnis zuteil geworden ist. Aber wir vielen anderen? Können wir daran glauben, daß Eva aus der Rippe des Adam geschaffen wurde?; daß Jesus von einer Jungfrau zart geboren wurde?; daß Jesus zum Himmel aufgefahren ist?; daß danach sein Grab leer war?; daß es nicht nur *einen* Gott gibt, sondern vielmehr eine heilige *Drei*-Einigkeit?

Da vielen dieser Glaube offenbar schwerfällt, treten heutzutage in unseren Kirchen leider mancherlei recht kleine Propheten auf, die uns statt dessen mit Eifer zum Beispiel eine Theologie der Revolution lehren wollen oder umgekehrt eine Theologie der eigenen Wehrlosigkeit oder zum Beispiel eine theologische Verwerfung von Kernkraftwerken oder – positiv – zum Beispiel eine christliche Wirtschaftspolitik, zum Beispiel eine christliche *Ab*rüstungspolitik ebenso wie andere eine christliche *Auf*rüstungspolitik. Was hat dies alles, das da im Namen des Christentums gesagt und demonstriert wird, überhaupt mit der Lehre Jesu Christi zu tun? Und hatten früher die tausendfältigen Morde an sogenannten Ketzern und sogenannten Hexen, die blutigen Kreuzzüge und die gewaltsame Missionierung in fremden Erdteilen – alles im Namen Jesu Christi – oder die Sklaverei in Amerika und heute die Apartheid in Afrika: Was hatte und was hat all dies mit unserem christlichen Glauben zu tun?

Unsere Kirchen, unsere Bischöfe, unsere Synoden und Konzile haben leider das zweite Gebot bisher nicht zum allgemeinen Gut der Menschen machen können, daß wir nämlich „den Namen des Herrn nicht unnützlich führen" sollen.

Lassen Sie mich zu meiner dritten Geschichte kommen, sie handelt von dem ermordeten ägyptischen Präsidenten Anwar as Sadat. Wir kannten uns gut, wir waren Freunde. Er wußte, daß er sein Leben riskierte, als er sich um des Friedens willen entschloß, nach Jerusalem zu gehen – in die Hauptstadt seiner israelischen Nachbarn, die zugleich in vier Kriegen seine Feinde gewesen waren. Er hat mich etwas sehr Wichtiges gelehrt, was ich eigentlich aber auch selbst hätte erkennen müssen.

Für Sadat war es klar, daß Juden, Christen und Muslims ihren Glauben aus der gleichen Wurzel empfangen haben. Nämlich allen dreien – so glauben sie – hat Gott am Berge Sinai die gleichen Gesetzestafeln in die Hand von Moses gegeben. Thora, Altes Testament und Koran stimmen ja darin überein. Und nicht nur darin, auch im Glauben an den *einen* Gott stimmen sie überein – und ebenso in vielen anderen Elementen – und auch im Friedensgebot.

Ebenso wie das Neue Testament, so nimmt auch der dem Mohammed offenbarte Koran an Hunderten von Stellen die jüdische Thora – und damit unser Altes Testament – wieder auf. Und Mohammed hat ganz ausdrücklich mit großem Respekt von den Völkern gesprochen, welche „die Schrift besitzen“. Für Mohammed und für die Muslims heute war Jesus von Nazareth ein großer Prophet.

Sadat glaubte, es müssen heute diese Gemeinsamkeiten bewußt gemacht werden, auf daß zwischen den drei Weltreligionen des *einen* Gottes Friede hergestellt werde.

Sadat blieb darin bisher ohne Erfolg. Im Gegenteil: Wer heute zum Persischen Golf blickt, der sieht, daß nicht einmal zwischen verschiedenen Glaubensbekenntnissen *innerhalb* der einen islamischen Religion Friede gehalten wird.

Religiös motivierte Kriege sind gewiß Menschenwerke. Aber die geoffenbarten Bekenntnisse und Religionen sind eben auch nur von Menschen aufgeschrieben worden. Zwar glauben wir, Gott habe den Menschen geschaffen. Aber ganz offenbar waren es die Menschen, die sich in ihren verschiedenen Schriften je einen verschiedenen Gott geschaffen haben.

Und hier schließt meine vierte Geschichte an. Sie geschah in diesem Frühjahr, als mein japanischer Freund Takeo Fukuda und ich sechs sehr hohe Priester an einen Tisch baten, einen jüdischen Oberrabbiner, einen katholischen Kardinal, einen lutherischen Bischof, je einen muslimischen, einen hinduistischen und einen buddhistischen höchsten geistlichen Würdenträger. Dazu je einen chinesischen, einen schwarzafrikanischen, einen kommunistischen Führer aus Osteuropa – und ebenso politische Führer aus Westeuropa, Südamerika und Australien.

Wir waren insgesamt fünfzehn Frauen und Männer aus allen Erdteilen. Wir waren zwei Tage zusammen; die meisten von uns kannten sich vorher nicht. Aber wir haben bald sehr freundschaftlich miteinander über die drängenden Weltprobleme reden können: über Frieden, Abrüstung, Energieversorgung, Schutz der Umwelt und des Klimas, Weltwirtschaft, über Entwicklungspolitik und über die Überbevölkerung der Erde. Wir haben uns in einem gemeinsamen schriftlichen Text einigen können über das, was wir jeder in seinem Staat, in seiner Kirche oder Religionsgemeinschaft oder in seiner Weltanschauungsgemeinschaft zukünftig als notwendig vertreten wollen. Wir haben dabei gemeinsam einen überraschenden Grad übereinstimmender Verpflichtung auf moralische Grundwerte, auf Frieden und menschliche Wohlfahrt festgestellt.

Sie mögen fragen, liebe Gemeinde, was haben diese vier Geschichten, was hat das alles mit uns in der Nikolai-Kirche zu tun? Ich gebe Ihnen darauf vier Antworten: Die letzte Geschichte will Respekt gegen andere Religionen und Bekenntnisse bezeugen, sie will zeigen: Unsere unterschiedlichen Religionen und Weltanschauungen hindern uns nicht, zum Besten aller zusammenzuarbeiten, denn unsere moralischen Grundwerte liegen näher beieinander, als die Scharfmacher auf allen Seiten uns glauben machen wollen. Der Friede zwischen uns ist möglich – wir müssen ihn immer wieder erneut stiften.

Die Geschichte von Sadat will zeigen: Juden, Christen und Muslime können getrost aufeinander zugehen – sie haben nicht nur gemeinsame moralische Werte, sondern sie teilen auch wichtige Elemente ihrer Religionsgeschichte und ihres Glaubens. Wir müssen diese Gemeinsamkeiten nur erst entdecken und propagieren.

Die Lehre aus der zweiten Geschichte, in der angesichts der katastrophalen Gewalttaten der letzten 50 Jahre von Gottes Allmacht einerseits und von unserer persönlichen Verantwortung andererseits die Rede war, diese Lehre ist sehr viel schwieriger zu ziehen. Ich glaube, daß wir uns aus dem Gegensatz zwischen der Ergebung in den Willen Gottes auf der einen Seite und auf der anderen Seite unserer persönlichen Verantwortung vor dem eigenen Gewissen, vor dem Gesetz und vor Gott – daß wir uns aus diesem Dilemma nicht befreien können.

Aber der Kirche, unseren Pastoren und den Mitgliedern der Gemeinde ist aufgegeben, angesichts dieser Antinomie, angesichts dieses unauflöslichen Gegensatzes einander seelischen Beistand und Seelsorge zu leisten. Vor allem gegenüber all der Angst, welche Menschen haben – auch gegenüber derjenigen Angst, die ihnen künstlich von anderen Menschen gemacht wird.

Und uns ist aufgegeben, Beispiele der Barmherzigkeit und der Solidarität zu geben. Nicht kann jeder von uns dem Beispiel Albert Schweitzers oder Mutter Teresas nacheifern, aber jeder von uns kann seinem Nächsten helfen. Und der Zweifel an diesem oder jenem Teil der Heiligen Schrift oder unseres lutherischen Glaubensbekenntnisses darf keinen diese Wahrheit übersehen lassen: Unser Christentum ist ohne jeden Zweifel eine Religion der Nächstenliebe und des Friedens.

Es bleibt die Frage nach der Lehre aus der ersten Geschichte, die bloß aus zwei Sätzen bestand. Hier fällt meine Antwort noch viel persönlicher aus. Meine Frau hat sich damals als erwachsener Mensch schwergetan mit dem lutherischen Glaubensbekenntnis, in dem sie ja nicht aufgewachsen war. Ich tue mich darin heute auch schwer. Aber ich brauche das Vaterunser und die Gebote. Ich brauche den Choral und die Kirchenmusik – ich habe übrigens nichts dagegen, wenn sie in unverständlichem Latein geschehen, weil dann der Zweifel am Text mich nicht von der Versenkung ablenken kann.

Ich brauche einen guten Pastor und einen guten Bischof, weil ich auch in Zukunft wieder in die Lage kommen kann, seinen seelsorgerischen Beistand nötig zu haben.

Vielleicht, so denke ich, geht es manchem von Ihnen ebenso, meine Damen und Herren. Was wir heute von der Volkskirche erwarten, das ist Seelsorge, Trost, Barmherzigkeit gegenüber dem Schwachen und dem Armen, Solidarität mit unseren kranken Nachbarn auch, die Lehre von der Toleranz gegen andere und vom Respekt gegenüber ihrer persönlichen Würde. Nicht aber kluge Dogmatik, nicht tagespolitische Theologie, nicht selbstgerechte Besserwisserei, sondern das schlichte Gebet zu Gott – und die Hoffnung auf Sein dereinstiges Reich, und Seine Kraft und Seine Herrlichkeit.

# Ein ganz anderes Jahrhundert

Über die künftigen Aufgaben der Menschheit

*Beitrag in „Die Zeit" vom 29. Dezember 1999*

Hier sollen keine pessimistischen oder optimistischen noch voluntaristische Jahrhundertszenarien entfaltet, sondern nur einige Wahrscheinlichkeiten aufgezeigt werden. Zunächst aber ein kurzer Blick zurück. Das letzte Eiszeitmaximum liegt zwanzig Jahrtausende hinter uns. Erst seit zehn Jahrtausenden gibt es eine relative Klimastabilität. Seither hat an mehreren Orten – unabhängig voneinander – der Ackerbau eingesetzt, zumal im fruchtbaren Halbmond des Mittleren Ostens.

Erst seit fünf Jahrtausenden gibt es für kleinere Teile der Welt und für einige wenige Zivilisationen genügend Artefakte oder gar Schriftzeichen und Dokumente, die eine kulturorientierte oder politikorientierte Geschichtsschreibung ermöglichen. So zum Beispiel im Zweistromland, in Ägypten oder in China – nicht bereits in Europa. Alle Hochkulturen haben sich innerhalb dieser fünf Jahrtausende entwickelt, in Europa erst im Laufe der letzten vier Jahrtausende, zuerst in Mykene und auf Kreta. Und ungefähr so weit reicht Homer zurück. Das 21. Jahrhundert ist nur ein Sekundenbruchteil des organischen Lebens. Aber es wird ein wichtiger Teil der Periode der menschlichen Hochkulturen sein – möglicherweise von großem Einfluß auf nachfolgende Zeiten.

## Klimatische und demografische Herausforderungen

Keiner weiß, ob die stabile Klimaperiode andauern wird, wie lange sie andauern wird. Wir verstehen einstweilen nicht genug von der Komplexität des Klimasystems, darin stimmen alle Fachleute überein. Allerdings steht fest, daß im Laufe der letzten 100 Jahre das Weltklima um 0,3 bis 0,6 Grad Celsius angestiegen ist. Wieweit das auf menschliche Aktivitäten zurückzuführen ist, zum Beispiel auf Abholzung oder auf Verbrennung von fossilen Kohlenwasserstoffen, darüber wird gestritten. Für das 21. Jahrhundert gehen die Voraussagen (alle Prognostiker rechnen mit einer weiteren Bevölkerungsvermehrung und steigendem Energieverbrauch) von einem weiteren globalen Temperaturanstieg aus: um mindestens 1,5 bis maximal 3,5 Grad Celsius. Käme es tatsächlich zu einem Anstieg um 3 bis 3,5 Grad Celsius, so sind katastrophale Folgen denkbar, teils schon während des nächsten Jahrhunderts, teils erst danach.

Es ist möglich, daß durch eine solch starke Erwärmung das globale Klima und das Ökosystem insgesamt eine drastische, nicht nur graduelle Veränderung erfahren – durch das Abschmelzen von antarktischem und grönländischem Eis, was einen Anstieg der Oberfläche der Ozeane nach sich zöge. Mit Sicherheit möchte ich nicht Mitte des nächsten Jahrhunderts beispielsweise in den Küstenregionen von Bangladesch wohnen; sie würden bei einem solchen Temperaturanstieg überflutet.

Keiner kann den Treibhauseffekt ausschließen, keiner kann ihn mit Sicherheit prognostizieren. Sicher ist nur, daß die Menschheit zur gegenwärtigen Erwärmung beiträgt; daran wird von niemandem, der das ernsthaft untersucht hat, gezweifelt. In welchem Ausmaß aber die Menschheit daran ursächlich beteiligt ist, darüber gibt es Streit.

Wir wissen ziemlich sicher, daß zur Zeit Jesu von Nazareth die Menschheit etwa 250 – maximal 300 Millionen – Menschen ausgemacht hat. In den folgenden Jahrhunderten, bis zum Beginn unseres 20. Jahrhunderts hat sich die Menschheit auf 1600 Millionen vermehrt. In unserem 20. Jahrhundert aber ist die Weltbevölkerung explodiert. Sie hat sich vervierfacht, auf über sechs Milliarden. Im nächsten Jahrhundert wird sich das Bevölkerungswachstum zunächst fortsetzen. Gegenwärtig ist es immer noch schneller, als es jemals vor dem Jahre 1945 gewesen ist.

Heute ist die nutzbare Fläche pro Mensch auf ungefähr vier Prozent jener Fläche geschrumpft, die zur Zeit Jesu von Nazareth für jeden zur Verfügung stand. Dies ist einer der Gründe dafür, daß in vielen Entwicklungsländern die Leute in die großen Städte fliehen, die längst Megametropolen geworden sind. Ob São Paulo oder Kairo, Mexico City oder Shanghai, es ist das gleiche Bild. Heute lebt knapp die Hälfte aller Menschen in Großstädten; in 50 Jahren werden es voraussichtlich zwei Drittel sein.

Nach dem mittleren von drei Szenarien, die 1996 von den Vereinten Nationen veröffentlicht worden sind, werden wir im Jahre 2050 über neun Milliarden Menschen sein – anderthalbmal so viele wie jetzt, es wird allein 1,5 Milliarden Chinesen und ebenso viele Inder geben. Nach jener mittleren Prognose der Uno werden im Jahr 2050 Pakistan, Indonesien und Nigeria jeweils über 300 Millionen Menschen zählen. In Bangladesch, Äthiopien, auch im Iran werden jeweils 200 und mehr Millionen Menschen leben – und in der Türkei etwa 100 Millionen, so auch in Ägypten.

Die Einwohnerzahlen der europäischen Länder werden hingegen schrumpfen. Die Bevölkerungsexplosion findet fast ausschließlich in Asien, in Schwarzafrika, zum Teil in Lateinamerika, zu einem ganz geringen Teil in den Vereinigten Staaten statt, nicht aber in Europa, in Rußland oder in Japan.

An dieser Stelle wage ich meine erste eigene Prognose: Es wird im nächsten Jahrhundert in vielen übervölkerten Regionen Streit und Kriege geben um nutzbare Flächen, um Weide- und Agrarland, vor allem um Wasser. Deshalb werden Millionen und Abermillionen Menschen danach streben, nach Europa und nach Nordamerika auszuwandern, legal oder illegal, weil hier der Lebensstandard mindestens 20mal so hoch liegt wie in ihren Heimatländern.

Allein im letzten Jahrzehnt unseres Jahrhunderts hat es bereits 25 Kriege gegeben, von Desert Storm und Tschetschenien bis hin zu Somalia, Ruanda, Burundi, Zaire – mit insgesamt weit mehr als einer Million Tote.

Ich will keine weiteren Prognosen anfügen, zum Beispiel zu den Fragen der Ernährung dieser riesigen Menschenzahlen, zu ihren Arbeitsplätzen, ihrem Energieverbrauch oder ihrem Städtebau. Indessen möchte ich auf eine weitere Rahmenbedingung des nächsten Jahrhunderts hinweisen.

## Globalisierung von Technik und Wirtschaft

Von den Faustkeilen bis zu Messern und Speeren hat es Zehntausende von Jahren gebraucht. Von den Arkebusen und Feldschlangen im Mittelalter bis zu den Maschinengewehren hat es immerhin noch einige Jahrhunderte gedauert. Vom ersten Flugzeug bis zu den Bombenteppichen auf Dresden und Hamburg oder den Atombomben auf Nagasaki und Hiroshima hat es nicht einmal mehr ein halbes Jahrhundert gedauert.

Jahrtausende lang hatten die Hochkulturen mechanische Hilfsmittel benutzt, ob in China oder Ägypten und in Babylon, ob in Peru oder in Mexiko: mechanische Hilfsmittel wie Hebel, Winden, Rampen, schiefe Ebenen, Rollen, Räder und dergleichen. Die Energie lieferten die Sklaven, die Zwangsarbeiter und außerdem Rinder und Pferde.

Im Laufe des Mittelalters sind dann in Europa Windmühlen und Wassermühlen dazugekommen. Erst gegen Ende des 18. Jahrhunderts kam James Watt und erfand die Dampfmaschine, knapp 100 Jahre später folgte der Verbrennungsmotor, wenige Jahre danach schon der Elektromotor und plötzlich ganz schnell nacheinander der Düsenantrieb und die Rakete – bestimmt nicht die letzte Kraftmaschine.

Noch zu meiner Schulzeit fuhr man von Hamburg nach New York per Schiff über eine Woche; heute braucht man mit dem Airbus weit weniger als einen halben Tag. Zu meiner Schulzeit schrieb man sich Postkarten; im Todesfall der Großmutter schickte man ein Telegramm, damit der andere rechtzeitig zur Beerdigung kommen konnte. Heute korrespondiert die Jugend – und nicht nur sie – über E-Mail und Internet miteinander. Es wird nicht mehr lange dauern, bis jeder spätestens mit 20 Lebensjahren seinen eigenen Computer und sein Handy hat. Der wissenschaftliche und technische Fortschritt hat sich im Laufe des 19. und noch viel mehr im Laufe des 20. Jahrhunderts ungewöhnlich beschleunigt, auf fast sämtlichen Feldern der Wissenschaft, insbesondere aber der Naturwissenschaften, von der Chemie bis zur Astrophysik und von der Medizin bis zur Gentechnologie und Life Science.

Ich wage nun eine zweite persönliche Prognose: Das heutige Tempo des wissenschaftlichen und des technischen Fortschritts wird im 21. Jahrhundert anhalten oder sich sogar beschleunigen. Hinsichtlich der Ergebnisse dieses weiteren Technologiefortschritts reicht meine Phantasie nicht aus; jedenfalls sind fast alle früheren Zukunftsvisionen, angefangen bei Jules Verne, längst von der Wirklichkeit überholt. Kehrten wir in hundert Jahren zu den dann Lebenden zurück, so würden wir wohl Bauklötze staunen über die technischen Veränderungen.

Seit dem Mittelalter bis fast an das Ende des 19. Jahrhunderts haben die Europäer, und mehr und mehr die Nordamerikaner, beinahe auf allen Feldern von Wissenschaft und Technik einen kategorischen Vorsprung gehabt. Im letzten Viertel des vorigen Jahrhunderts haben dann, nach der Meiji-Restauration, die Japaner angefangen aufzuholen. Und heutzutage beziehen erstklassige deutsche Firmen zum Beispiel ihre Software aus Indien, einem Entwicklungsland. Der technologische Vorsprung der Europäer und der Amerikaner ist zeitlich sehr geschrumpft. Die Verbreitung des technologischen Fortschritts über die Welt geschieht heute und morgen viel schneller als noch in der ersten Hälfte unseres Jahrhunderts.

Die herkömmliche Vorstellung von „Weltwirtschaft" stimmt schon lange nicht mehr. Noch 1945 oder 1955 haben wir darunter im wesentlichen die westlichen Industriestaaten verstanden. Die anderen Staaten waren entweder kommunistische Zwangs- oder Planwirtschaften („Zweite Welt") oder sie waren Entwicklungsländer („Dritte Welt"). Die drei Welten waren säuberlich voneinander getrennt. Die Dritte Welt bestand im wesentlichen aus Rohstofflieferanten und aus Aufnahmemärkten für billige industrielle Serienprodukte des Westens.

Die Preise für die Rohstoffe haben aber wir Amerikaner und Europäer auf unseren westlichen Märkten bestimmt. Am Ende des Zweiten Weltkrieges entstanden die Weltbank und die Entwicklungshilfe. Diese war unter amerikanischer Führung eine Sache der Industriestaaten, allerdings in einer sehr paternalistischen Attitüde. Spätestens die von der Opec, also von einer Gruppe von Entwicklungsländern, absichtlich ausgelösten Ölpreisexplosionen der siebziger Jahre und deren währungs- und kreditpolitische Folgen hätten den Westen erkennen lassen müssen: unsere ziemlich egozentrische Vorstellung von Weltwirtschaft war überholt. Vielmehr begann das, was man heute Globalisierung nennt.

Der Prozeß der Globalisierung hat dazu geführt, daß die große Mehrheit aller Staaten und ihrer nationalen Volkswirtschaften an einer weltweiten Verbundwirtschaft beteiligt sind. Es ist nicht nur ein ökonomischer oder finanzieller Verbund, sondern die Globalisierung ist zugleich auch ein gewaltiger Prozeß der Ausbreitung moderner Technologien.

Heute gibt es doppelt so viele Teilnehmer an der globalen Verbundwirtschaft wie vor zwanzig Jahren; 1200 Millionen Chinesen sind dazugekommen, 300 Millionen ehemalige Sowjetbürger, fast alle anderen ehemalig kommunistisch regierten Staaten. Ganz schnell werden den neuen Teilhabern alle technologischen Fortschritte frei Haus geliefert, sei es über Anlagenexport, über Joint Ventures oder über Produktionsniederlassungen. Das Phänomen, das wir Globalisierung nennen, wird zwar im nächsten Jahrhundert seine Krisen, seine Hochs und Tiefs erleben. Aber die Globalität des technologischen Fortschritts wird eine entscheidende Rahmenbedingung des nächsten Jahrhunderts sein; und das Internet könnte eine globale zivilisatorische Umwälzung bewirken. Auf alle Fälle werden die alten Industriestaaten Europas einem globalen Wettbewerb um Arbeitsplätze ausgesetzt sein. Wenn sie nicht absinken wollen, so werden sie große Anstrengungen in Forschung und Entwicklung machen müssen.

## Menschheitsaufgaben für das kommende Jahrhundert

Was sind Aufgabenstellungen für das nächste Jahrhundert? Dazu ein Katalog von Fragen; die richtigen Antworten kennt noch niemand.

- Wie kann der Fortgang der Bevölkerungsexplosion gedämpft werden, wenn er denn gedämpft werden soll? Wer muß handeln? Mit welchen Mitteln?
- Wie kann der mit wachsender Weltbevölkerung und mit wachsender Industrialisierung einhergehenden Zerstörung der natürlichen Umwelt begegnet werden?
- Wie kann ein globales Treibhaus vermieden werden, mit welchen Mitteln? Mit welchen Kosten? Wer soll die Kosten tragen? Wer entscheidet über die Verteilung der Kosten?
- Brauchen wir eine weltweit koordinierte Energiepolitik, nicht zuletzt unter dem Aspekt der Reduzierung der Verbrennung von Kohlenwasserstoffen?
- Sollen in Zukunft lokale und regionale Kriege durch militärisches Eingreifen der Vereinten Nationen unterbunden oder beendet werden?
- Was aber wird geschehen, wenn die Uno zum Beispiel durch das Veto einer der Großmächte gehindert wird, einen Beschluß zu fassen? Sollen dann regionale Sicherheitsorganisationen gleichwohl eingreifen, wie zum Beispiel die Nato?

– Darf man, soll man im Falle eines innerstaatlichen Bürgerkrieges von außen eingreifen und die Souveränität eines Staates verletzen, wenn dort Menschen zuhauf umgebracht werden? Oder darf und soll man es wenigstens dann tun, wenn man von Genozid sprechen muß? Alles dies sind im Völkerrecht bisher ungeklärte Fragen. Wer entscheidet in solchen Fällen? Und wer ist bereit, Soldaten zu entsenden? Und wer führt den Befehl?
– Wie kann der Export von Waffen und Kriegsgerät unterbunden werden? Die Entwicklungsländer geben im Durchschnitt für militärische Zwecke sechsmal so viel Geld aus, wie sie an Entwicklungshilfe empfangen (einer der Hauptlieferanten von Rüstungsgütern ist – nach Amerika und den Nachfolgestaaten der Sowjetunion – Deutschland). Wollen wir ein wichtiger Lieferant von Rüstungsgütern bleiben?
– Wie kann man die weitere Ausbreitung atomarer und anderer Massenvernichtungsmittel beenden? Wie kann die Welt die Nuklearwaffenstaaten dazu bringen, endlich ihre eigenen Atomwaffenarsenale drastisch abzubauen? Amerika wie auch Rußland, beide haben immer noch weit über 10 000 nukleare Waffen zur Verfügung, beide modernisieren ihre Rüstung; und neue Nuklearmächte kommen hinzu.
– Was ist zur Eindämmung der zu erwartenden großen Wanderungs- und Flüchtlingsströme geboten? Was ist erlaubt?
– Mit welchen Instrumenten kann sich und darf sich die Welt gegen neuartige Verbrechen schützen, die sich der neuen weltweiten Telekommunikationstechnologien bedienen? Heute in zehn Jahren könnte es für eine Zentralbank fast unmöglich sein, die Geldmenge ihrer Währung unter Kontrolle zu halten, weil sie nur noch aus Bits und Bytes in den miteinander vernetzten Com-

putern besteht. Es wird neuartige Verbrechen geben, aber wer greift ein und mit welchen Mitteln?

- Was sind angesichts dieser Aufgabenfülle eigentlich die Aufgaben der Europäischen Union? Was bleibt dann übrig für die Mitgliedstaaten der Europäischen Union und deren Regierungen? Werden wir unsere nationalen Identitäten wahren können?
- Letzte Frage: Müssen wir für das 21. Jahrhundert tatsächlich einen clash of civilisations befürchten, zum Beispiel zwischen dem Islam und dem Westen? Daß die Gefahr besteht, ist evident. Die Gefahr eines clash zwischen Hinduismus und Islam ist nicht geringer. Wir sehen heute in Indonesien einen clash zwischen Muslimen und Chinesen (Konfuzianern) und Christen, die alle dort leben. Das überwiegend christliche Nachbarland Philippinen könnte das nächste Problem werden, das im Laufe der kommenden zwanzig Jahre auftaucht. Was also müssen und können wir tun, um einen clash of civilisations zu verhindern? Um zu verhindern, daß weltanschaulich, religiös oder kulturell bedingte Konflikte sich mit ökonomischen und sozialen Konflikten mischen und Kriege auslösen?

## Welche Zukunft hat die Entwicklungshilfe?

Die technologische Globalisierung schließt eine weltweite Überwindung von räumlichen und zeitlichen Distanzen ein – nicht nur für Regierende und für Militärs, sondern insbesondere auch für private Unternehmen, für Banken und Fonds, ebenso für produzierende oder Handel treibende Unternehmen. Schon heute hat der technologische Fortschritt dazu geführt, daß die Manager einer Reihe großer privater Firmen gewaltig an Dispositionsmöglichkeiten dazugewonnen haben. Entsprechend haben Parlamente und Regierungen Dispositionsräume verloren – mit dem altertümlichen Wort gesagt: sie haben Teile ihrer Macht verloren. Gegenwärtig erleben wir einen vielfältigen Übergang von staatlicher Macht in private Hände.

Gleichwohl werden die Regierenden in den übervölkerten Staaten nach wie vor danach streben, ihre wachsenden Menschenmassen durch schnelle Anpassung an westliche Produktionsmethoden zu ernähren und deren Lebensstandard zu erhöhen. Sie werden mit westlicher Hilfe Investitionen in neue Technologien und in neue Industrien vornehmen, um auf den Weltmärkten die gleichen Produkte billiger anzubieten als die alten Industriestaaten.

Die Menschen in den Entwicklungsländern werden noch über lange Zeit, wahrscheinlich weit über das 21. Jahrhundert hinaus, bereit sein, zu deutlich geringerem Lohn und zu deutlich geringeren Sozialleistungen länger zu arbeiten als die Menschen in Nordamerika, Europa und Japan. Schon bald wird für jedermann deutlich werden, daß wir in einem weltweiten Wettbewerb nicht nur um den Absatz von Produkten und Dienstleistungen stehen, sondern auch um Arbeitsplätze. Es mag dann Versuche geben, sich dagegen abzuschirmen – durch alle möglichen Handelsbeschränkungen gegen billige Importe, zum Beispiel gegen sogenanntes Sozialdumping; die anderen werden mit entsprechenden Mitteln antworten. Aber es kann niemand mehr verhindern, daß aller technologische Fortschritt sich über die Welt ausbreitet.

Eine offene, ernste Frage wird sein, ob denn angesichts dieser vorhersehbaren Entwicklung die Industriestaaten auch über das ganze kommende Jahrhundert ihre Entwicklungshilfe fortsetzen werden. Manche der Empfängerländer brauchen diese Hilfe überhaupt nicht mehr. Für manch andere ist ihre Entwicklungshilfe nur ein Tropfen auf den heißen Stein. Für wieder andere ist Entwicklungshilfe eine große Hilfe zur Befriedigung der Bedürfnisse ihrer Militärs: Teile der Entwicklungshilfe dienen in Wirklichkeit der Finanzierung von Rüstungskäufen.

Es wäre klug, wenn wir Entwicklungshilfe in Zukunft nur an solche Staaten gäben, die eine klare Begrenzung ihrer Militärausgaben vornehmen. Das würde jedenfalls die Todesraten bei künftigen Kriegen in der Dritten Welt reduzieren, und zugleich würde das Geld nicht zum Fenster hinausgeworfen. Meine andere Bedingung wäre, Entwicklungshilfe nur solchen Ländern zu zahlen, die Familienplanung betreiben – mit allem, was dazugehört: angefangen bei schulischer und beruflicher Ausbildung für junge Mädchen, gleichberechtigtem Status der Frauen bis hin zur Verfügbarkeit von Verhütungsmitteln.

Beide Bedingungen sind sehr schwer zu erfüllen. In China und Indien haben die Regierungen schon vor zwanzig Jahren begriffen, daß sie die Bevölkerungsexplosion nicht aushalten würden; sie haben deshalb – zum Teil mit sehr brutalen Mitteln – zu bremsen versucht. Es sind aber bisher die einzigen Staaten der Welt, die überhaupt begriffen haben, daß die Dämpfung der Bevölkerungsexplosion notwendig ist.

Nicht nur die Entwicklungshilfe, auch die Aktivitäten des Weltwährungsfonds bedürfen der Reform. Seine großen Hilfsprogramme liefen in den letzten Jahren darauf hinaus, daß westliche Kreditgeber ihr in harter Währung investiertes Geld einigermaßen zurückbekommen und jedenfalls ihre Zinsen. Eine effektive Hilfe beispielsweise für Rußland ist nicht zu erkennen, für Indonesien auch nicht. Für wen dann?

Die umfangreichen Waffenlieferungen an die Dritte Welt sind ein Übel. Leider ist es nicht wahrscheinlich, daß der

Westen und Rußland sich dazu durchringen, den Export von Waffen und Kriegsgerät entscheidend zu reduzieren. Alle Lieferungen entspringen kurzfristigen politischen und geschäftlichen Interessen, von einer dahinter stehenden langfristigen Strategie kann nirgendwo die Rede sein, auch nicht hinsichtlich der Lieferung von Waffen durch die USA an bestimmte Staaten des Mittleren Ostens. Es ist unsinnig, zunächst Entwicklungshilfe in Gestalt von Waffen zu geben, wenn das zweitens zu Kriegen führt, wonach man drittens nach dem Eingreifen der Uno ruft, viertens eigene Soldaten auf die Gefechtsfelder entsendet und fünftens nach dem Waffenstillstand nicht weiß, wie es weitergehen soll. Es wird eine kopflose Politik, die wir, der Westen, im Laufe der letzten Jahrzehnte getrieben haben.

Es ist übrigens kein Zufall, daß niemand im Westen daran gedacht hat, in den Tschetschenien-Krieg, in die Kriege in Ossetien oder in Bergkarabach einzugreifen. Wenn es sich um Weltmächte handelt, überlassen wir es den Menschenrechtlern, darüber zu lamentieren. Vernünftigerweise hat keiner verlangt, Uno oder Nato müssten dort eingreifen, denn Weltmächte lassen sich dergleichen nicht gefallen.

## Eine Mehrzahl von Weltmächten

Das stellt die Frage nach den Weltmächten des kommenden Jahrhunderts. Daß die USA eine Weltmacht bleiben werden, ist offensichtlich. China ist schon heute eine Weltmacht; jedenfalls wird es von allen Asiaten als eine Weltmacht respektiert. In 30 oder 35 Jahren wird die chinesische Währung ein ähnliches globales Gewicht haben – im Handelsaustausch, in Finanzierungen oder als Reservewährung – wie der Dollar und der Euro. China wird schon vor der Mitte des nächsten Jahrhunderts einen ähnlich großen Anteil am Im- und Export der Welt haben wie die USA oder die Europäische Union, deutlich größer als Japan. Das chinesische Sozialprodukt oder der chinesische Anteil am Welthandel können schon in etwa 25 Jahren den Anteil Japans überholen.

Es wäre klug, weiterhin auch Rußland als eine Weltmacht anzusehen. So schwach dieses Land im Innern auch sein mag, vielleicht sogar über zwei Generationen bleiben wird, so bleibt Rußland gleichwohl eine Weltmacht. Zum einen hat Rußland immer noch über 10 000 nukleare Waffen, schwer zu kontrollieren, selbst für eine russische Regierung, die sie kontrollieren will. Aber wichtiger als Waffen ist das riesige Territorium: Als gestern an der pazifischen Küste des russischen Kontinents die Sonne unterging, da war in Petersburg vom Sonnenaufgang noch nichts zu spüren. Es ist bei weitem das größte Territorium aller Staaten der Welt, mit enormen Bodenschätzen, von denen nur ein Teil erkundet ist, zumeist Öl und Gas; davon wird bisher nur ein Teil ausgebeutet. Was aber sonst noch alles in diesem Boden steckt, weiß keiner. Aus all diesen Gründen, auch wenn die Russen nur 150 oder 160 Millionen Menschen zählen, wäre es klug, sie weiterhin als Weltmacht zu respektieren.

Ich halte für denkbar, daß Indien im Laufe einiger Jahrzehnte zu einer Weltmacht aufsteigt, nicht nur weil die Inder jüngst ihre Atombombe vorgezeigt haben, sondern insbesondere wegen ihres Bevölkerungswachstums. Der Intelligenzquotient der Inder ist nicht geringer als derjenige der Chinesen oder der Europäer. Sie könnten aus ihren Menschen Höchstleistungen herausholen, wenn sie sie zweckmäßig organisieren. Es kann durchaus sein, daß auch Brasilien im Laufe des neuen Jahrhunderts zu einer Weltmacht aufsteigt.

Japan wird trotz seiner gegenwärtigen Finanz- und Strukturkrise wegen der hohen Sparneigung dieses auf hohem Lebensstandard lebenden Volkes möglicherweise noch für ein weiteres halbes Jahrhundert der bei weitem größte Nettokapitalexporteur der Welt bleiben – wie umgekehrt zu fürchten bleibt, daß die Vereinigten Staaten von Amerika noch über weitere Jahrzehnte der größte Nettokapitalimporteur bleiben werden.

Am Ende dieses blutigsten aller Jahrhunderte, deren Geschichte bisher aufgeschrieben worden ist, stehen wir also im neuen Jahrhundert vor einer ganz anderen Konfiguration der Welt, vor anderen klimatischen, demografischen und technologischen Rahmenbedingungen. Doch kann von einer „neuen Weltordnung" am Ende des 20. Jahrhunderts keine Rede sein.

## Wird auch die Europäische Union zur Weltmacht?

Umso nötiger wird im 21. Jahrhundert die Europäische Union, wenn denn die relativ kleinen europäischen Nationen sich behaupten wollen. Frankreich, Italien und England, jeder hat nicht ganz 60 Millionen Einwohner, Deutschland auch nur gut 80 Millionen (davon rund sieben Prozent Ausländer). Die im Weltmaßstab klitzekleinen europäischen Nationen – zum Beispiel Polen mit 38 Millionen, Holland mit 15 Millionen oder Tschechien mit 10 Millionen Menschen – sind gegenüber den zukünftigen Weltmächten fast ohne Gewicht. Keine einzige der europäischen Nationen wird im kommenden Jahrhundert der Bevölkerungszahl nach wachsen! Wie unzureichend die europäischen Einzelstaaten ihre nationalen Interessen gegenüber den Giganten vertreten können, sieht man beispielhaft am Verlauf der Klimakonferenzen in Rio de Janeiro oder in Kyoto. Die USA und China haben zwar zugestimmt: es soll weniger Kohlendioxid, weniger Kohlenmonoxid, weniger Methan in die Atmosphäre entlassen werden; das aber sollen gefälligst die Europäer durch Selbstbeschränkung herbeiführen, nicht jedoch die Amerikaner oder die Chinesen.

Aber es geht ja nicht allein um die Bemühungen zur Vermeidung des Treibhauseffektes, sondern auch um Rüstungsbegrenzung, um Entwicklungshilfe, um die Ordnung des globalen Währungsgefüges und der globalen Kreditmärkte. All dies wird sich einer Beeinflussung durch die kleinen europäischen Staaten entziehen – es sei denn, daß sie gemeinsam auftreten.

Als 1946 Winston Churchill und nach ihm Jean Monnet und Robert Schuman über die Integration Westeuropas nachdachten und als Frankreich 1950 als ersten Schritt den Schuman-Plan vorlegte, die Schaffung einer Montanunion zwischen sechs westeuropäischen Staaten, da hatte man die neuen Bedingungen und Probleme des 21. Jahrhunderts noch nicht im Blickfeld. Sie lagen in weiter Ferne und spielten keine Rolle. Zu jener Zeit beherrschten zwei ganz andere Motive das Denken: zum einen die Schaffung einer Barriere gegen weiteres Vordringen der als bedrohlich und aggressiv empfundenen Sowjetunion und des Weltkommunismus unter Stalin; zum anderen die Einbindung der Bundesrepublik Deutschland, damals gut 40 Millionen Deutsche.

Zwar haben heute der zeitliche Abstand zu Hitlers „Drittem Reich" und die demokratische Entwicklung Deutschlands die Besorgnis vor einem Wiederaufleben deutschen Expansions- und Machtstrebens stark abgeschwächt. Dennoch bleibt nach der Vereinigung der beiden deutschen Nachkriegsstaaten wegen der vergleichsweise hohen Bevölkerungszahl doch das Motiv der Selbsteinbindung Deutschlands auch im 21. Jahrhundert von erheblichem Gewicht. Seit Beginn der siebziger Jahre wissen die Franzosen, daß dies nur bei entsprechender Selbsteinbindung Frankreichs möglich ist.

Seit den fünfziger Jahren kam zusätzlich die Erkenntnis der großen ökonomischen und sozialen Vorteile eines gemeinsamen Marktes hinzu. In diesem ökonomischen Motiv liegt beispielsweise der Grund zum Beitritt Österreichs oder Schwedens zur Europäischen Union. Schon die Römischen Verträge der späten fünfziger Jahre waren dem ökonomischen Motiv entsprungen, das Europäische Währungssystem (EWS) der achtziger und der Euro der neunziger Jahre waren die entscheidenden Durchbrüche. Jedoch wird die Wirtschafts- und Währungsunion erst in den ersten Jahrzehnten des 21. Jahrhunderts ihre volle Wirkung entfalten.

Die eigene Produktivität wird der Europäischen Union ein ökonomisches Volumen geben, das dem der USA (oder in der Mitte des 21. Jahrhunderts demjenigen Chinas) entsprechen wird. Ob aber die Mitgliedstaaten der EU fähig sein werden, dieses Gewicht weltwirtschaftspolitisch und schlechthin weltpolitisch einzusetzen, hängt vom rechtzeitigen Ausbau der einstweilen sehr unvollkommenen politischen und administrativen Struktur der EU ab. Die EU verfügt einstweilen weder über eine handlungsfähige gemeinsame außenpolitische Instanz noch über eine handlungsfähige sicherheitspolitische Instanz. Bis heute besteht weder eine ausreichende demokratische Legitimation noch eine ausreichende demokratische Kontrolle.

Es wird schwer sein, diese Defizite schnell aufzuholen. Erstens wird die Aufgabe zusätzlich kompliziert durch den bevorstehenden Beitritt weiterer Mitgliedstaaten im Osten Mitteleuropas. Zweitens werden die USA versuchen – zum Beispiel durch eine neue Definition der Aufgaben für das Nordatlantische Bündnis und die Nato – im Vorwege eine weltpolitische Präponderanz Amerikas über die EU festzulegen. Und drittens – last, but not least – werden die Nationen Europas nur einen schrittweisen, das heißt langsamen Fortgang des Integrationsprozesses ertragen und billigen.

Die allermeisten Nationen Europas blicken auf zehn oder noch mehr Jahrhunderte der Entfaltung ihrer nationalen Sprachen und Identitäten zurück. Jetzt fällt es vielen Bürgern schwer, Teile der nationalen Souveränität an die EU zu übertragen. Es gibt dafür in der Geschichte aller Erdteile weder ein Vorbild noch ein Beispiel; denn bisher sind alle Zusammenschlüsse von verschiedenen Völkern unter einem gemeinsamen politischen Dach nicht durch freiwilligen Entschluß, sondern nur durch Gewalt zustande gekommen – von Alexander bis zum Imperium Romanum, von Dschingis Khan bis zu Napoleon, Hitler oder Stalin, von den Kolonialreichen der Spanier und Portugiesen bis zu denjenigen der Franzosen oder Engländer.

Die Beispiellosigkeit der europäischen Integration, ihre historische Einzigartigkeit anzuerkennen, ist nötig, wenn die europäischen Staatsmänner und die führenden Eliten weiteren Fortschritt erreichen wollen.

Allerdings ist weiterer Fortschritt dringend nötig, wenn die Nationen Europas im Laufe des 21. Jahrhunderts gegenüber den weltpolitischen Giganten ihre vitalen Interessen einigermaßen wahren wollen. Wenn sie dem Druck der Überbevölkerung in der südlichen und südöstlichen Nachbarschaft Europas gewachsen sein wollen und den zu erwartenden globalen klimatischen Problemen, den Problemen der globalen Energieversorgung – und auch den heute bereits akuten Problemen der Weltwirtschaft.

Ich vermute, daß die Aufgaben, die sich im kommenden Jahrhundert der Menschheit stellen, ohne substanzielle Mitwirkung der Europäer nicht wirksam gelöst werden können, nicht ohne die naturwissenschaftliche Grundlagenforschung und die anwendungsorientierte Zivilisationstechnologie Europas – aber auch nicht ohne das in Europa entwickelte philosophische, geistes- und gesellschaftswissenschaftliche Fundament.

Wenn ein gefährlicher Zusammenprall zwischen dem islamischen Kulturkreis und dem europäisch-nordamerikanischen Kulturkreis vermieden werden soll, dann kann die Initiative für ein besseres gegenseitiges Verständnis nur von Europa ausgehen. Denn die Amerikaner stehen geschichtlich und geografisch dem Islam sehr viel ferner. Der Islam selbst ist von Indonesien über Zentralasien, über den Mittleren Osten bis nach Nigeria sehr zerklüftet und ohne Einheit; aber in der Regel hängen die Muslime stärker an ihrer Religion und deren Lehren und Traditionen als wir sogenannten Christen an den unsrigen. Im neuen Jahrhundert wird es mehr Muslime geben als sogenannte Christen. Wir Europäer dürfen uns nicht dazu verführen lassen, muslimischen Terrorismus als signifikant für den Islam zu verstehen. Schließlich hat es in der Weltgeschichte vielerlei christlichen Terrorismus gegeben, und ebenso gibt es heute innerhalb des westlichen Kulturkreises vielfältigen Terrorismus; aber dieser kennzeichnet den Westen insgesamt genauso wenig, wie einzelne islamische terroristische Aktivitäten den Islam insgesamt charakterisieren.

Die Schaffung von Respekt und Toleranz gegenüber

dem Islam – und insgesamt gegenüber den anderen Religionen und Zivilisationen – wird eine der schwierigsten Aufgaben Europas im neuen Jahrhundert sein. Dabei sind einzelne humanitäre Führungspersonen wie Yehudi Menuhin oder Leonard Bernstein oder Hans Küng wichtig, ihre Prominenz läßt sie zu öffentlichen Beispielen werden. Aber entscheidend wird sein, ob es gelingt, in den breiten Massen der Europäer eine Gesinnung der Toleranz zu erzeugen.

Immanuel Kant hat vor zwei Jahrhunderten geschrieben, der immer währende Friede müsse dann keine bloße Idee bleiben, wenn wir es als unsere Pflicht und als unsere berechtigte Hoffnung ansehen, schrittweise und allmählich das internationale Recht zu verwirklichen. In meinen Augen war der große Kant hier zu optimistisch; er hat die beiden Weltkriege und den Holocaust des 20. Jahrhundert nicht geahnt. Jedenfalls werden einige der globalen Entwicklungen des 20. Jahrhunderts entweder im 21. Jahrhundert zu Korrekturen zwingen, oder sie werden auf mehreren Feldern zu Unheil führen. Deshalb plädiere ich für realistische Analysen. Und sodann brauchen wir Mut zur Zukunft.

# Schluß mit dem Skandalgerede

Die Spendenaffären verdecken den Blick aufs Wesentliche

*Beitrag in „Die Zeit“ vom 23. März 2000*

Zwei der deutschen Funktionseliten sind ins Gerede geraten: die Politiker und die Manager. Das Vertrauen in Verlässlichkeit und Redlichkeit der Managerklasse ist in der letzten Zeit gesunken, weil sich Fälle von Größenwahn häuften. Zu beobachten ist der problematische Trend, immer größere Unternehmens- und Bankgiganten zu schaffen – zu Lasten der Arbeitsplätze, die massenhaft liquidiert werden. Gegen die Manager sprechen auch die psychotischen Übertreibungen auf den Märkten der Aktien, der Währungen und Finanzderivate. Fälle von persönlichen Machtkämpfen in den Führungsetagen der Unternehmen nebst absurd hohen finanziellen Abfindungen des jeweils Unterlegenen kommen hinzu und absurd hohe, nicht öffentlich durchsichtige Bonifikationen für Spitzenmanager. Fälle von Betrug und bewußter Täuschung haben sich gleichfalls gehäuft.

Die Spitzenmanager verwirren die Menschen auch durch den flotten Wechsel ihrer ideologischen Leitmotive: Erst Cash-Flow, dann Benchmarking; erst Diversifikation zwecks Risikobeschränkung, dann Konzentration auf die eigenen „Kernfelder“; erst Automatisierung, dann Information-Technology; erst Globalisierung, dann selbst zum Global Player werden; erst Dienst am Kunden, nun Shareholder-Value und Schelte auf den Wohlfahrtsstaat. Man gewinnt den Eindruck, es gehe manchen unserer Spitzenmanager vor allem um kurzfristigen Gewinn an Macht und Geld – vom öffentlichen Wohl ist kaum mehr die Rede.

Müssen wir deshalb Abschied nehmen von unserem Vertrauen in die Zweckmäßigkeit der Marktwirtschaft? Keineswegs. Wohl aber müssen die Gesetze modernisiert werden, welche das Handeln der Manager und der Organe der Unternehmungen, der Geldhäuser aller Art und auch der Wirtschaftsprüfungsgesellschaften regeln. Denn ihre ökonomische Macht bedarf der Kontrolle.

Weil in vielen Fällen das Amt eines Aufsichtsratsmitgliedes nur nominell, aber nicht tatsächlich kritisch und effektiv ausgeübt wird, ist es notwendig, abermals die gesetzliche Höchstzahl von Aufsichtsratsmandaten und Aufsichtsratsvorsitzen herabzusetzen. Weil die allzu lange und daher allzu enge Zusammenarbeit des Vorstandes einer der Prüfungspflicht unterliegenden Firma (oder eines Verbandes, einer Partei) mit der jeweiligen Wirtschaftsprüfungsgesellschaft offenkundig zur Beeinträchtigung der Rigidität der Prüfung führt, so sollte es gesetzlich untersagt werden, daß eine Wirtschaftsprüfungsgesellschaft länger als fünf Jahre dieselbe Firma prüft. Weil große Geld- und Finanzfirmen zunehmend zugleich Bank- und Wertpapier- und Versicherungsgeschäfte betreiben, sollte der Gesetzgeber die bisherigen drei Bundesaufsichtsämter für Banken, für Wertpapiere und für Versicherungen zu einem Aufsichtsamt verschmelzen. Darüber hinaus muß der Gesetzgeber prüfen, ob es nicht gesetzlicher Rahmenvorschriften für Fusionen bedarf, bei denen den Aktionären Umtauschangebote gemacht werden.

Macht bedarf immer der Kontrolle, in der Wirtschaft ebenso wie in der Politik. Die Demokratie als Regierungsform ist im Grundgesetz durch Kontrollen und

Gegengewichte geregelt. das Grundgesetz hat sich seit 1949 gut bewährt, besser als alle seine Vorgänger über zwei Jahrhunderte. Gleichwohl erleben wir heute eine Gefährdung des Vertrauens in die Funktionstüchtigkeit der Demokratie. Jedoch trifft der Vertrauensverlust nicht eigentlich die Demokratie und ihre Institutionen, sondern die politische Klasse und die Parteien. Auch hier häufen sich Lügen, Rücksichtslosigkeit und das kurzfristige Streben nach Macht. Auch hier scheint der Dienst am öffentlichen Wohl in den Hintergrund zu treten. Zumal unter den jüngeren Bürgern wächst deshalb die Neigung, den Politikern pauschal zu mißtrauen. Diese Tendenz ist ungerecht und gefährlich zugleich. Ihr liegt eine allzu naiv gelehrte idealistische Vorstellung von Demokratie zugrunde – und die Enttäuschung darüber, daß die Wirklichkeit diesem Ideal nicht entspricht. Die Demokratie ist nicht schlecht, weil auch in ihr Skandale geschehen. Sondern sie ist gut, weil sie – anders als die Diktatur – die Skandale aufdeckt.

Auch Politiker und Unternehmensmanager sind in der Regel charakterlich durchschnittliche Menschen, häufig aber sind sie mit einem überdurchschnittlichen Instinkt für Macht ausgestattet. Es ist jedoch abwegig, vom Chef einer Bank, vom Vorsitzenden einer Partei oder vom Chef einer Regierung zu verlangen, daß er einen moralischen Idealtypus verkörpere. Offene Gesellschaft, Demokratie und Grundgesetz sollen ja gerade „die Unvollkommenheit des Menschen überlisten" (Franz Böhm). Einen Politiker an sittlichen Idealen zu messen ist abwegig; denn er ist ein Mensch wie du und ich. Wohl aber steht er nach Verfassung und Gesetzen unter besonderen Regeln. Wer absichtlich diese Regeln verletzt, oder wer von Amts wegen lügt, der gehört abgewählt. Wer in die eigene Tasche wirtschaftet, gehört vor den Richter. In jüngster Zeit sind auf dem politischen Markt gravierende Verstöße gegen das Parteiengesetz vorgekommen, die aufgeklärt und geahndet werden müssen. Beides geschieht. Deshalb dürfen wir durchaus zufrieden darüber sein, daß unsere offene Gesellschaft, unsere Pressefreiheit, unser Parlament, unsere Justiz und ihre Untersuchungen ganz ordentlich funktionieren.

Es wird am Ende nötig sein – ähnlich wie in der Wirtschaft –, einige der gesetzlichen Regeln zu modernisieren. Die Parteizentralen sind offenkundig zu mächtig geworden. Deshalb bedürfen sowohl die Finanzvorschriften im Parteiengesetz als auch die staatliche Finanzierung der Parteien der Einschränkung. Dagegen ist es keinesfalls nötig, abermals der deutschen Neigung zur Änderung des Grundgesetzes nachzugeben. Wir haben immerhin binnen 50 Jahren unsere Verfassung schon genauso oft geändert und ergänzt wie die Amerikaner binnen eines Vierteljahrtausends. Es ist nicht notwendig, im Grundgesetz die Amtszeit eines Bundeskanzlers zeitlich zu begrenzen. In einem Vielparteien-Parlament, in dem unabhängig von Wahlen Koalitionswechsel vorkommen können, ist der Bundeskanzler, der nur durch ein „konstruktives Mißtrauen", also durch Neuwahl einer anderen Person ersetzt werden kann, eine wünschenswerte Institution der Kontinuität.

Tatsächlich ist nicht die Macht eines Bundeskanzlers von Übel, sondern die Verquickung der allzu großen Macht von Parteizentralen und Parteichefs mit der grundgesetzlichen Macht des Kanzlers. Die vier großen Skandale der letzten 50 Jahre – „Spiegel", Starfighter, Flick und die heutigen schwarzen Spenden und Konten – bieten dafür anschauliche Beispiele. Die Wähler haben das gute Recht, über lange Jahre die gleiche Partei und die gleiche Regierungsmehrheit zu wählen. Im Ergebnis jedoch wählen sie weitgehend die jeweiligen Parteiführer und Parteizentralen: Diese sind es, welche mit ihrer Macht die Listenaufstellungen für eine Bundestagswahl beeinflussen. Das für eine Hälfte aller Abgeordneten geltende Verhältniswahlrecht macht sie hinsichtlich ihrer Wahl und Wiederwahl von ihren Parteiapparaten abhängig; sie kämpfen weniger um „ihren" Wahlkreis als vielmehr um ihre „Absicherung" auf der Landesliste.

De facto wird nicht der Abgeordnete, sondern die Liste gewählt. Es ist das in fast allen europäischen Demokratien geltende (in Deutschland nur unwesentlich gemilderte) Verhältniswahlrecht, das uns die Vielparteienparlamente und den Zwang zu komplizierter Koalitionsbildung beschert – und damit zugleich die Macht der Parteiführungen der Koalitionsparteien zementiert.

Nicht die Macht des Bundeskanzlers, sondern die Macht der Parteiapparate muß verringert werden: durch Beschränkung der Zulässigkeit von Spenden auf natürliche Personen und durch Verbot von Spenden durch Verbände und Firmen; durch ausdrückliche Entscheidung des Spenders darüber, ob er der Parteizentrale, der jeweiligen Landesleitung oder der lokalen Organisation des von ihm bevorzugten Wahlkreiskandidaten sein Geld zuwenden will; und durch Beseitigung der steuerlichen Abzugsfähigkeit. Desgleichen ist die Erstattung von „Wahlkampfkosten" einzuschränken. Denn die immer oberflächlicher werdenden Materialschlachten dienen nicht der Aufklärung, sie sind Verschwendung von Steuergeldern. Die politische Klasse hat sich im Laufe der Jahrzehnte finanziell zu gut bedient. Der Habitus einiger Spitzenmanager hat abgefärbt: hinsichtlich des Aufwandes für ihre Werbekampagnen, aber auch hinsichtlich der Spesen und Bezüge.

Die Politiker wissen, daß im Fernsehzeitalter Führungspersonen und ihr Image sehr viel wichtiger geworden sind als in früheren Zeiten, in denen man sich sein politisches Urteil überwiegend nach dem Lesen von Zeitungen bildete. Heute sind die vor dem Bildschirm gewonnenen Empfindungen von Sympathie von höherer Bedeutung. Deshalb drängen sich die Politiker in die TV-Talkshows. Dieser Umstand muß den Medien Verantwortungsbewußtsein bei der Auswahl auferlegen.

Wenn auch die Medien in den letzten Monaten durch ihre Untersuchungen entscheidend zur Aufdeckung von Mißständen beigetragen haben, so sollten sie sich doch vor der Versuchung hüten, um der Einschaltquote oder der Tagesauflage willen umstrittene Kleinigkeiten zu Staatsaffären aufzubauschen. Einen mutmaßlich kriminellen Waffenhändler, der sich wegen staatsanwaltschaftlicher Verfolgung ins Ausland abgesetzt hat, viele Male zum Zeugen zu machen oder einer Informantin ein sechsstelliges Honorar zu zahlen und ein weiteres Honorar gleicher Größenordnung für eine weitere Sensation zu versprechen: Das sind Beispiele für moralischen Verfall auch in einigen Redaktionen.

Unsere Medien wie auch unsere Politiker laufen Gefahr, daß die Spenden- und Kontenaffären den Blick auf das Wesentliche verdecken. Die drängenden Aufgaben ergeben sich aus der Massenarbeitslosigkeit, aus dem Komplex Überalterung und Altersversorgung, aus dem Komplex Globalisierung, Größenwahn und soziales Gleichgewicht und aus der unklaren Zukunft der Europäischen Union. Politiker, Manager und Medienleute, die diese kardinalen Aufgaben verschweigen oder sich ihnen verschließen, tragen bei zum Verlust an öffentlicher Moral. Daran gemessen werden die Spendenaffären nur eine vorübergehende Bedeutung haben, so sehr wir uns auch darüber ärgern.

# Allgemeine Erklärung der Menschenpflichten

Ein Vorschlag

Es ist selbstverständlich, daß eine Nation nach dem Ende einer Diktatur die Gewährleistung der Grundrechte – in der Sprache der Vereinten Nationen (UN) „Menschenrechte" genannt – als eine ihrer vordringlichsten Aufgaben anpackt. Ebenso war auch nach dem gleichzeitigen Ende der hitlerschen Diktatur in Europa und der japanischen Militärdiktatur in Ost- und Südostasien die Menschenrechtserklärung der Vereinten Nationen 1948 eine natürliche, notwendig gebotene und gute Willensentscheidung.

Mit der Etablierung der fundamentalen Rechte des einzelnen geht die Schaffung einer demokratischen Staatsorganisation Hand in Hand. So ist es, gottlob, nach Mussolini und Hitler geschehen, so in der östlichen Hälfte Europas nach dem Ende der kommunistischen Diktaturen. Dagegen zeigt die Erfahrung der letzten Jahrzehnte leider auch, daß Demokratie und Menschenrechte bloßes Papier bleiben können, wenn eine Regierung beim bloßen Bekenntnis verharrt und sowohl alltäglich als auch besonders in Notlagen versäumt, für Demokratie und Menschenrechte einzutreten und ihre Funktionstüchtigkeit tatsächlich zu sichern. Umgekehrt liegt für manch einen das Mißverständnis nahe, als ob seine persönliche Freiheit bedeute, seine Rechte – und seine Ansprüche – ohne eigene Verantwortlichkeit ausüben und verwirklichen zu dürfen. Wenn aber jedermann ausschließlich seine eigenen Rechte verfolgte und keinerlei Pflichten und Verantwortungen akzeptierte, dann kann ein Volk und sein Staat – oder die Menschheit als ganze – in Feindschaften, in Konflikte und schließlich in Chaos verfallen.

### Gleichgewicht von Rechten und Verantwortlichkeiten

Ohne Verantwortungsbewußtsein der einzelnen kann Freiheit verkommen zur Vorherrschaft der Starken und der Mächtigen. Deshalb ist es eine stetige Aufgabe der Politiker und der Staatsbürger, Rechte und Verantwortlichkeiten im Gleichgewicht zu halten.

Heute, beinahe ein halbes Jahrhundert nach der Universal Declaration of Human Rights, ist deren notwendiger sittlicher Imperativ gegenüber der Menschheit und ihren zweihundert souveränen Staaten in Gefahr. Denn zum einen wird das Stichwort „Human Rights" von einigen westlichen Politikern, zumal in den USA, als Kampfbegriff und als aggressives Instrument der außenpolitischen Pression benutzt. Dies geschieht zumeist durchaus selektiv: zwar gegenüber China, Iran oder Libyen, nicht aber gegenüber Saudi-Arabien, Israel oder Nigeria. Die Gründe für solche Einseitigkeit liegen in ökonomischen und strategischen Interessen.

Zum anderen werden die Human Rights von manchen Muslimen, Hindus und Konfuzianern als ein typisch westliches Konzept aufgefaßt und teilweise sogar als Instrument zur Verlängerung westlicher Vorherrschaft denunziert. Darüber hinaus hören wir besonders in Asien den ernstzunehmenden, ernsthaft begründeten Vorwurf, das Grundrechtskonzept vernachlässige oder verkenne gar die Notwendigkeit von Tugenden, von Pflichten und

Verantwortlichkeiten des einzelnen gegenüber der Familie, der Gemeinde, der Gesellschaft oder dem Staat. Manche Asiaten meinen, einen prinzipiellen Gegensatz zu erkennen zwischen westlicher und asiatischer Auffassung von der Würde des Menschen.

Zwar ist es unbestreitbar: Menschenbild und Vorstellung von menschlicher Würde unterscheiden sich innerhalb jeder Gesellschaft oder Kultur – je nach religiösem, philosophischem oder ideologischem Standort. Jedoch herrschen generell tatsächlich große Unterschiede zwischen den in Europa und Nordamerika vorherrschenden Vorstellungen einerseits und andererseits den in Asien vorherrschenden islamischen, hinduistischen, buddhistischen und konfuzianischen Vorstellungen – zu schweigen vom Kommunismus in seinen mehreren Spielarten.

Es ist deshalb denkbar, daß es im 21. Jahrhundert zu einem „clash of civilizations" à la Samuel Huntington kommen kann. Die Explosion der Weltbevölkerung – Vervierfachung! – im 20. Jahrhundert und die Zunahme der Konzentration in Massen-Großstädten werden sich mindestens bis tief ins kommende Jahrhundert fortsetzen; deshalb wird es – ungeachtet des Endes des bipolaren Konfliktes zwischen der Sowjetunion und dem Westen – auch im 21. Jahrhundert Machtkonflikte geben. Man darf hoffen, daß sie glimpflicher gelöst werden, als im 20. Jahrhundert geschehen. Aber man muß fürchten, daß sie in einen Kampf zwischen einander prinzipiell und sogar tiefgegründet feindlich gegenüberstehenden Kulturen einmünden könnten. Dabei könnten Fundamentalisten auf beiden Seiten, die heute unter globalem Aspekt in den meisten Fällen nur minderheitliche Außenseiterrollen spielen, möglicherweise zu Auslösern und Anführern massenhafter Hysterien werden. Die heutige Ausweitung und Intensivierung der weltumspannenden Verbundwirtschaft, Globalisierung genannt, würde dem keineswegs zwangsläufig entgegenstehen, zumal sie neuartige ökonomische Interessenkonflikte mit sich bringen wird.

Seit dem Ende des sowjetischen Blocks und vor allem seit der Öffnung Chinas hat sich die Zahl der am Wettbewerb in der offenen Weltwirtschaft beteiligten Menschen schon heute fast verdoppelt. Dazu kamen ein enormer technologischer Sprung – vor allem in den Feldern der Telekommunikation, des Luftverkehrs und des Container-Seetransports – und ein historisches Höchstmaß an Liberalisierung des Handels, vor allem aber des Geld- und Kapitalverkehrs. Im Beginn des neuen Jahrhunderts werden die Nationen und ihre Volkswirtschaften auf fast der ganzen Welt zwar stärker voneinander abhängen als jemals in allen früheren Generationen. Aber zugleich führt diese Globalisierung zu neuen, bisher unbekannt gewesenen Konkurrenzkämpfen. Die Versuchungen zu machtpolitischer Verfälschung des Wettbewerbs zwecks eigenen Vorteils werden wachsen.

Wenn angesichts dieser Gefahr die Nationen und ihre Staaten, wenn die Politiker und ebenso die Hüter und Bewahrer der Religionen nicht lernen sollten, ihr religiöses, kulturelles und zivilisatorisches Erbe gegenseitig zu respektieren, wenn die Menschen nicht lernen sollten, die beiden kategorischen Imperative der Freiheit und der Verantwortlichkeit miteinander im Gleichgewicht zu halten, dann kann in der Tat der Friede zwischen ihnen zerbrechen. Das weltpolitische Gefüge und das sozialökonomische Wohlbefinden der Völker können tiefgreifend gestört werden.

Deshalb wird es am Ende des alten Jahrhunderts – fünfzig Jahre nach der Universal Declaration of Human Rights – höchste Zeit, ebenso über Human Responsibilities zu sprechen. Ein Minimum weltweit gemeinsam anerkannter ethischer Standards wird für das interkontinentale Zusammenleben zur dringenden Notwendigkeit – nicht nur für individuelles Verhalten, sondern ebenso für die politischen Autoritäten, für die religiösen Gemeinschaften und Kirchen, für die Nationen. Nicht nur für die Regierungen, sondern ebenso für die international produzierenden, Handel treibenden oder finanzierenden Konzerne. Die letzteren sind heute in Gefahr, sich einem neuen, ungebändigten, weltweit spekulativen Raubtier-Kapitalismus hinzugeben. Die Notwendigkeit des Bewußtseins von der eigenen Verantwortung gilt ebenso für die international tätigen elektronischen Medien, welche Gefahr laufen, die Menschen weltweit mit einem Übermaß der Darstellung von Morden, Schießereien, Gewalttaten und Mißbrauch aller Arten zu vergiften.

Die Notwendigkeit der Vermeidung eines „clash of civilizations" hat eine große Zahl von älteren Staatsmännern (ehemalige Staatspräsidenten und Regierungschefs) aus allen fünf Kontinenten veranlaßt, den Entwurf zu einer Universal Declaration of Human Responsibilities vorzulegen. Er beruht auf jahrelanger Vorarbeit durch geistliche, philosophische und politische Führer aus der ganzen Welt und aus allen großen Religionen. Die Aufgabe ist zunächst, eine Diskussion anzustoßen; die Hoffnung ist, am Ende zu einer ähnlichen Erklärung der UN zu gelangen wie schon einmal 1948, als die UN unter der Initiative von Eleanor Roosevelt die Allgemeine Erklärung der Menschenrechte beschloß.

Ähnlich wie damals die Menschenrechtserklärung, so würde auch die zusätzliche Verantwortlichkeitserklärung den Charakter eines ethischen Appells haben, nicht einer völkerrechtlichen Verbindlichkeit. Jedoch sind auf dem moralischen Boden der Menschenrechtserklärung inzwischen regionale Menschenrechtspakete mit völkerrechtlicher Verbindlichkeit erwachsen, zum Beispiel die Europäische Menschenrechtskonvention und die Einrichtung des europäischen Gerichtshofes für Menschenrechte. An die großen Auswirkungen der Helsinki-Schlußerklärung und ihres „Korb III" auf die innere Entwicklung des europäischen Kommunismus sei hier gleichfalls erinnert. In vergleichbarer Weise sind spätere rechtliche oder politische Auswirkungen der Verantwortlichkeitserklärung zu erhoffen.

Wer dagegen die Verfasser und Unterzeichner des Entwurfes zu einer Allgemeinen Erklärung der Menschenpflichten für bloße Idealisten ohne Bodenhaftung halten möchte, der hat weder einen ausreichenden geschichtlichen Überblick über die tatsächlichen geschichtsmächtigen Auswirkungen der rechtlich zunächst bloß unverbindlichen Menschenrechtserklärung, noch eine ausreichende Vorstellung von den Gefährdungen der Menschheit in der Zukunft; er könnte selbst bloß ein konservativer Anhänger von moralisch prinzipienloser, fälschlich sogenannter Realpolitik sein.

Unser Entwurf wiederholt im Artikel 4 die „Goldene Regel", die in allen Weltreligionen eine wichtige Rolle spielt (und die Immanuel Kant in einer verfeinerten Formulierung zum „kategorischen Imperativ" erhoben hat): „Was du nicht willst, das man dir tut, das füg auch keinem andern zu." Im Artikel 9 heißt es: Alle Menschen „haben die Pflicht, ... Armut, Unterernährung, Unwissenheit und Ungleichheit zu überwinden. Sie sollen überall auf der Welt eine nachhaltige Entwicklung fördern, um für alle Menschen Würde, Freiheit, Sicherheit und Gerechtigkeit zu gewährleisten". Der Artikel 15 sagt, die Repräsentanten der Religionen haben die Pflicht, Vorurteile und Diskriminierung Andersgläubiger zu vermeiden, vielmehr sollen sie Toleranz und gegenseitige Achtung unter allen Menschen fördern. Am Schluß heißt es in Artikel 19: Keine Bestimmung dieser Erklärung darf so ausgelegt werden, daß sich daraus irgendein Recht ergibt, welches auf Vernichtung der in der Menschenrechtserklärung von 1948 aufgeführten Rechte und Freiheiten zielt.

## Deutscher Nachholbedarf

Auch bei uns in Deutschland stehen heute Rechte in höherem Kurs als Pflichten. Ansprüche werden vielfältig mit überlauter Stimme erhoben, Verantwortung jedes einzelnen dagegen wird in vielen Bereichen unserer Gesellschaft kaum gelehrt und daher auch kaum wahrgenommen. Viele Politiker, viele Wirtschaftsmanager werden ihrer Verantwortung nicht gerecht, ebenso viele Universitäten oder Fernsehkanäle. Eine weitgehende permissive Erziehung orientiert sich allzu einseitig an den Grundrechten, von Grundpflichten ist kaum die Rede. Rücksichtslos egoistische „Selbstverwirklichung" erscheint als Ideal, Gemeinwohl dagegen eher als bloße Phrase.

Die Weimarer Verfassung trug über ihrem zweiten Hauptteil die programmatische Überschrift „Grundrechte und Grundpflichten der Deutschen", sie setzte Rechte und Pflichten des Bürgers in unmittelbare Beziehung zueinander. Davon ist in einigen der heute geltenden Landesverfassungen noch ein Abglanz geblieben, nicht dagegen im Grundgesetz. Die Weimarer Verfassung hat in ihrem Artikel 163 sogar von einer „sittlichen Pflicht" zur Arbeit gesprochen. Heute können manche Wirtschaftsmanager keine sittliche Pflicht zur Schaffung von Arbeits- und Ausbildungsplätzen erkennen. Zunehmend hängen sie der Ideologie des Shareholder value an und setzen Aktienkurse und Dividenden an die Stelle von sittlichen Pflichten. Und umgekehrt finden manche Menschen, die keinen Arbeitsplatz haben, ihre staatliche Alimentation plus ein wenig Schwarzarbeit auskömmlich und jedenfalls bequemer und deshalb vorzuziehen gegenüber der Last einer regulären Arbeitswoche.

Hans Jonas und sein „Prinzip Verantwortung", Marion Gräfin Dönhoff mit ihrem Appell „Zivilisiert den Kapitalismus" und Amitai Etzioni mit seinem kommunitaristischen Aufruf zur „Verantwortungsgesellschaft" sind hierzulande einstweilen sehr einsame Rufer geblieben. Ohne Pflege der bürgerlichen Tugenden wird aber unsere Gesellschaft zu einem politisierenden Gerangel der Interessenhaufen verkommen. Zwar haben die deutschen Staatsrechtslehrer sich vor Jahr und Tag mit der Frage nach der verfassungsrechtlichen Dimension von Grundpflichten im Rahmen unseres Grundgesetzes befaßt; jedoch sind ihre damaligen Verhandlungen ohne erkennbare Wirkung geblieben. Dagegen hatte die Menschenrechtserklärung der UN schon 1948 in ihrem Artikel 29 wenigstens ganz allgemein die Feststellung getroffen, daß „jeder Mensch Pflichten gegenüber der Gemeinschaft (hat), in der allein die freie und volle Entwicklung seiner Persönlichkeit möglich ist".

Erziehung zum Bewußtsein ethischer Pflichten und zu persönlicher Verantwortung tut unserer Gesellschaft not. Wir müssen zu diesem Zweck keineswegs unsere

Gesetze oder gar unser Grundgesetz ergänzen. Wohl aber müssen unsere Schulen und Hochschulen, unsere Kirchen, unsere politischen Parteien, unsere Unternehmen und Gewerkschaften erkennen: Die Verfolgung von Rechten ohne eigenes Pflichtbewußtsein kann ins Chaos führen. Verantwortungsbewußtsein gegenüber Pflichten setzt aber voraus, daß ich meine Pflichten erkenne; deshalb muß die allgemeine Erziehung zur Kritikbereitschaft die kritische Fähigkeit zur Erkenntnis meiner eigenen Pflichten einschließen. Der alte römische Grundsatz „Salus populi suprema lex" bleibt dafür eine gute Orientierung.

Die Diskussion des Entwurfes für eine allgemeine Erklärung der Menschenverantwortung wird im Westen mindestens zwei Haupteinwände zutage fördern. Zum einen werden sogenannte Realpolitiker sagen, es handele sich um Idealismus, der weder Aussicht auf allseitige Akzeptanz noch auf tatsächliche Befolgung habe. Zum anderen werden engagierte Verfechter der Menschenrechte sagen, wenn der Entwurf zur Erklärung der menschlichen Verantwortlichkeit als Zwilling oder Pendant zur Menschenrechtserklärung angesehen werde, dann bestehe die Gefahr, daß die Menschenrechte auf die Ebene bloßer Moral transponiert würden. In Asien dagegen werden manche sagen, zwar komme der Entwurf wesentlichen Prinzipien asiatischer kultureller Traditionen entgegen und sei deshalb zu begrüßen; aber seine ausdrückliche Anlehnung an die Menschenrechtserklärung sei überflüssig, abträglich und deshalb abzulehnen.

Mahatma Gandhi hat sieben „Soziale Sünden" aufgezählt, an der Spitze standen „politics without principles" und „commerce without morality". Wer will dem widersprechen? Jüngst hat die „Financial Times" in einer Besprechung des Entwurfes zur Erklärung der menschlichen Verantwortlichkeit geschrieben: „Richtig: Wir brauchen allgemeine Regeln guten Geschäftsbenehmens ... Eine Universal Declaration of Business Responsibilities könnte zum allgemeinen Nutzen in die Gehirne der Unternehmensvorstände durchsickern.“ Auch dieser Ansatz könnte fruchtbar werden, wenn tatsächlich der Entwurf zur Erklärung menschlicher Verantwortlichkeit eine weltweite Diskussion auslöst. Er wird jedenfalls in der UN und deshalb in den Regierungen zur Diskussion stehen.

Darüber hinaus würde eine öffentliche Diskussion dazu beitragen, daß wir uns wieder an die Grundeinsicht erinnern, nach der wir Bürger nicht nur Rechte zur Abwehr fremder Willkür haben, sondern ebenso Pflichten und Verantwortlichkeit gegenüber unseren Mitmenschen. Keine Demokratie und keine offene Gesellschaft kann auf die Dauer Bestand haben ohne das doppelte Prinzip von Rechten und Pflichten.

Die an der wirtschaftlichen Globalisierung beteiligten Nationen, Staaten und ihre Regierungen müssen sich gemeinsam zu einem minimalen ethischen Kodex durchringen, andernfalls könnte das neue Jahrhundert genau so konfliktreich verlaufen wie das jetzt zu Ende kommende. Aber dieses Mal blieben die Konflikte nicht auf Teile von Kontinenten beschränkt, sondern es könnte tatsächlich ein weltweiter Konflikt zwischen verschiedenen Grundüberzeugungen entstehen, wobei sich die Konfliktparteien auf überkommene religiöse und kulturelle Interpretationen stützen würden. Wer den drohenden Zusammenstoß zwischen den Kulturen vermeiden will, der braucht dazu keineswegs allein wirtschaftliches und militärisches Potential, sondern er braucht eine Moral, die auch von allen anderen anerkannt werden kann.

# Editorische Notiz

Das Interview von Ulrich Wickert mit Helmut Schmidt ist für den Abdruck in diesem Band redaktionell durchgesehen und stilistisch überarbeitet worden. Die Durchsicht und die Auswahl der Reden und Beiträge besorgte Dr. phil. Martin Rupps, der 1997 ein Buch über das Politikverständnis und die geistigen Grundlagen von Helmut Schmidt publiziert hat. *H.V.*

*»Ich war und bleibe engagierter Anhänger der europäischen Integration aus strategischem, patriotischem Interesse.«*

Europa steht vor gewaltigen Herausforderungen – so die Diagnose von Altbundeskanzler Helmut Schmidt. Die weltweiten Rahmenbedingungen verändern sich dramatisch. Frieden, Freiheit und Wohlstand in Europa sind keineswegs auf Dauer gesichert. Nur wenn Europa gemeinsam auftritt, hat es eine Chance, sich in der Weltpolitik des 21. Jahrhunderts zu behaupten. Aber noch ist die Europäische Union dieser Aufgabe nicht gewachsen. Vor der Aufnahme neuer Teilnehmerstaaten muß daher eine weitreichende Reform der EU stehen. Andernfalls ist ihr Scheitern nicht ausgeschlossen ...

»Wie eh und je argumentiert Schmidt nüchtern, sachlich und überzeugt durch Kompetenz«
*Berliner Morgenpost*

Helmut Schmidt

**Die Selbstbehauptung Europas**

Perspektiven für das 21. Jahrhundert

Aktualisierte Taschenbuchausgabe

**Ullstein Taschenbuch**

In der von Helmut Schmidt gegründeten Freitagsgesellschaft nehmen hochrangige Wissenschaftler, Politiker und Publizisten zu wichtigen Fragen unserer Zeit Stellung. Ob Helmut Schmidt selbst über das »ganz andere 21. Jahrhundert« berichtet, Ernst-Ludwig Winnacker über die Gentechnologie oder Siegfried Lenz über amerikanische Literatur – stets äußern sich ausgesprochene Fachleute, die zum Verständnis einer immer komplizierteren Welt beitragen wollen.

Helmut Schmidt (Hg.)

**Erkundungen**

Beiträge zum Verständnis unserer Welt

Was unterscheidet den Deutschen von seinen europäischen Nachbarn? Was bedeutet es heute überhaupt, ein Deutscher zu sein? Und wann werden Ost- und Westdeutsche zu einer gemeinsamen Identität finden? Christian Graf von Krockow beleuchtet diese hochaktuellen Fragen aus verschiedenen Perspektiven. Ein Buch, das mit alten Vorurteilen über das Deutschsein aufräumt und neue Wege zum deutschen Selbstverständnis zeigt.

*»Ein Briefwechsel, der aufgrund persönlicher Beobachtungen und Begegnungen des Autors besonders lesbar geraten ist.«*
Frankfurter Allgemeine Zeitung

Christian Graf von Krockow
**Über die Deutschen**

List Taschenbuch